BIG
DESIGN
빅디자인

김영세 지음

BIG DESIGN 빅디자인

공유경제의 시대,
미래 디자인은
어떻게 변화하는가

KMAC

스몰디자인 가고
빅디자인 시대가
온다

디지털 변화의 최전선에 서다

실리콘밸리에 작은 사무실을 얻어 '이노디자인INNODESIGN'이라는
회사를 창업한 지도 벌써 30년이 넘게 흘렀다. 디지털 트랜스포메
이션Digital Transformation의 최전선인 실리콘밸리에서 일하며 다양
한 스타트업을 만나고 그들이 탄생하고 성장하는 모습을 지켜보
면서 최첨단 디지털 기술들이 가져다주는 커다란 변화를 직접 생
생하게 목격할 수 있었던 것은 디자이너로서 커다란 행운이 아닐
수 없다.

그런 변화를 바라보면서 앞으로 디자이너로서의 역할과 일의
범위도 크게 달라질 수밖에 없음을 직감적으로 깨달았고, 지금까
지와는 전혀 다른 새로운 디자인에 대한 필요성을 절감했다.

올해는 바우하우스가 출범한 지 꼭 100주년이 되는 해이다. 1919년 독일의 바우하우스로부터 현대 산업디자인이 시작되었다고 해도 과언이 아닐 정도로 큰 영향을 미친 것이 사실이다. 그 바우하우스의 디자인 철학은 철저한 기능주의였다.

"형태는 기능을 따른다Form follows function"는 이 한마디는 현대 디자인의 명제가 되었으며, 대량생산의 산업 시대를 여는 데 큰 역할을 했다. 하지만 출범 100주년을 맞은 2019년 현재, 바우하우스의 이 디자인 철학이 여전히 유효할지에 대해서는 의문이다.

나는 바우하우스 디자인 철학의 세례를 받고 성장한 세대로서, 그 철학을 존중하고 그 길을 열심히 따라왔다. 하지만 이제는 변화가 필요한 때라고 생각한다. 그리고 바우하우스의 디자인 철학을 넘어 새로운 디자인 시대를 열어야 한다는 사명감을 가지고 노력하다 보니, 마침내 '빅디자인Big Design'으로 발전하게 되었다.

"디자인은 디자이너의 의도를 따른다Design follows designer's intention"는 말은 이미 30여 년 전부터 줄곧 주장해온 나의 디자인 철학이다. 디자인은 디자이너의 생각에서 시작된다. 그러므로 제품 개발의 출발점은 바로 디자이너의 생각이 되어야 한다. 디자이너가 제품 개발의 전면에 나서지 않고 마지막 단계에서 겉포장만 하는 디자인은 이제 더 이상 설 자리가 없다.

나는 전통적인 산업 시대의 디자인 방식을 '스몰디자인small design'이라고 부른다. 겉으로 드러난 꾸미기 위한 디자인을 지칭하는 개념이다. 조금 거칠게 말하자면, 제조업의 클라이언트들이 제품 개발을 끝내고 나서 마지막 단계에서 디자이너를 불러 껍데기를 만드는 것이 스몰디자인이었다.

스몰디자인이 어떻게 만드느냐에 대한 접근이었다면, 빅디자인은 무엇을 만들 것인가부터 고민한다. 스몰디자인 방식으로는 디지털 트랜스포메이션 시대를 살아가는 고객들의 마음을 얻을 수 없다. 디지털 시대의 디자인은 무엇을 개발할지 생각하는 것부터 시작되어야 한다. 기술보다 디자인이 앞서는 것, 그것이 곧 빅디자인의 기본 원칙이기도 하다.

빅디자인, 비즈니스 모델을 디자인하다

빅디자인 시대는 디자인으로 창업하는 시대이다. 디자이너의 상상으로 제품을 만들고, 디자인으로 마케팅을 하며, 소비자들은 그 디자인을 보고 제품을 구매하게 된다.

빅디자인은 제품의 겉포장 디자인을 뛰어넘어 비즈니스 모델 전반을 디자인하는 일이다. 에어비앤비Airbnb, 다이슨Dyson, 네스트Nest 등 가전, IT 분야에서 탁월한 경쟁력을 보이고 있는 주요 기업의 CEO들이 모두 디자이너 출신이라는 점은 시사하는 바가 크다. 이제 디자이너는 제품의 겉포장뿐만 아니라 비즈니스 모델을 디자인하고 있다.

나도 전통적인 방식의 제품 디자인에서 벗어나 다양한 스타트업을 지원하기 위해서 DXL-랩이라는 스타트업 지원 조직을 만들었다. 이를 통해 스타트업들의 비즈니스 모델을 함께 디자인하면서 성과를 올리고 있다. 크게 보면 창업도 디자인이며, 그중에서도 빅디자인으로 분류할 수 있다.

빅디자인 시대를 이끌고 나아가는 것은 결국 사람이다. 디지털 트랜스포메이션 시대의 인재는 과거 산업 시대에는 볼 수 없었던 새로운 일꾼이다. 화이트칼라, 블루칼라를 넘어선 전혀 다른 새로운 일꾼의 등장이 눈앞에 와 있다.

이 책에서는 빅디자인뿐만 아니라 그것을 위한 전제 조건들 중하나인 사람, 특히 무언가 특별한 것을 만들 수 있는 뛰어난 인재들에 대해서도 다루게 될 것이다.

디지털이 아무리 발전해도 변하지 않는 디자인의 기본이 있다. 그것은 바로 '디자인은 사람들을 사랑하는 것'이라는 점이다. 그 마음에서 디자인이 시작된다. 그리고 그 작은 마음 하나하나가 모여서 '빅디자인'이 된다.

세상을 바꾸려면 세상을 디자인해야 한다.

contents

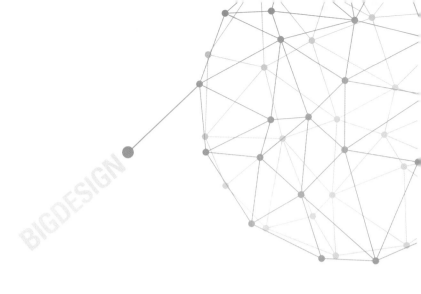

Chapter 3
세상의
라이프 스타일을
디자인하라

165

BIGDESIGN

Chapter 1

B GD

디자인의
패러다임이
바뀌다

미래의
라이프 스타일을
상상하다

디지털 원주민과
알파 세대의 등장

"옛날에 아빠들은 자동차를 직접 운전하고 다녔대!"

"진짜? 말도 안 돼. 사람이 자동차를 직접 운전한다고?"

SF 영화에나 나올 법한 대화를 일상 속에서 듣게 될 날도 이제 머지않았다.

미국에서는 현재 세 살 된 아이들이 운전면허증을 받을 마지막 세대가 되리라고 전망하고 있다. 그 이후에 태어날 아이들은 자율주행 자동차를 탈 것이기 때문에 운전을 할 이유도, 운전면허증을 딸 필요도 없게 된다는 것이다. 우리가 상상하는 것보다 훨씬 더 크고 빠른 변화가 지금 우리 눈앞으로 다가오고 있다.

흔히 1980년 이전의 출생자를 '디지털 이민자Digital Immigrants', 그 이후의 출생자를 '디지털 원주민Digital Natives'이라고 부른다. 마치 예수의 탄생을 기준으로 기원전과 기원후를 구분하듯 1980년은 아날로그 시대와 디지털 시대를 구분하는 중요한 분기점이 되고 있다.

1980년 이전의 디지털 이민자 세대는 아무리 디지털에 능숙하다고 해도 아날로그 기반에서 태어나 자랐고, 나중에 배워서 디지털을 접한 세대들이다. 미국으로 간 이민자들이 아무리 영어를 잘해도 그곳에서 나고 자란 원주민들과는 다른 느낌의 영어를 구사하는 것처럼 디지털 이민자들 역시 디지털이라는 세상을 완벽하게 이해하지 못한다는 뜻이다.

반면에 디지털 원주민들은 태생부터가 다르다. 디지털 환경에서 태어나 배우고 자랐기 때문에 디지털이 곧 생활의 일부이자 중요한 기반이다. 그들의 사고방식이나 생활양식은 그 전 세대와는 전혀 다른 인류처럼 확연하게 구별될 것이다.

디지털 시대의 문을 연 첫 세대는 1980년에서 1994년 사이에 태어난 밀레니얼 세대이다. 일명 'Y세대Y-Generation'로 불리는 이들은 아날로그 시대를 끝내고 첫 디지털 시대를 연 디지털 세대의 조상 정도로 볼 수 있다.

그 뒤를 이어 1995년에서 2009년 사이에 출생한 세대를 포스트 밀레니얼 세대, 즉 'Z세대Z-Generation'라고 부른다. Z세대는 Y세대보다 더 디지털 지향적이며 아날로그와 거리가 멀다.

　　그리고 2010년부터 앞으로 등장할 완전히 새로운 세대, 다시
말해 2010년에서 2025년까지 태어날 신세대를 '알파 세대α-Gen-
eration'라고 부른다. 영어의 알파벳을 모두 소진하고 그리스어 알
파벳 첫 글자에서 다시 시작하는 완전히 새로운 세대이다.

　　디자이너나 경영자로서 머지않은 미래 세상에서 가장 자주 접
하게 될 세대가 바로 이 알파 세대이다. 알파 세대는 태어나서 6개
월만 돼도 스마트폰을 손에 쥐게 된다. 젖을 먹을 때도 스마트폰
을 보고, 잠을 잘 때도 스마트폰으로 자장가를 들으면서 잠이 든

다. 이 글 첫머리에서 언급했던 것처럼 자동차는 타되, 운전은 하지 않는 첫 세대가 될 것이다. 사람이 운전을 했었다는 사실 자체를 경이롭게 바라볼 수밖에 없는 세대이다.

같은 디지털 원주민이라고 해도 알파 세대들은 과거의 디지털 세대와 달리 디지털 콘텐츠들을 훨씬 일찍 접하고 즐겼으며, 엄청난 양의 디지털 콘텐츠 세례 속에서 자란다.

기본적인 사고방식이나 라이프 스타일 역시 디지털을 기반으로 이루어져 있기 때문에 알파 세대는 지금까지와는 완전히 다른,

상상조차 하기 힘든 세대가 될 가능성이 높다.

변화는
새로운 기회를 제공한다

앞으로 11년 후인 2030년이 되면 이들 디지털 원주민들은 어떻게 성장해 있을까. 우선 Y세대는 36~50세의 연령대로 사회를 주도하는 주역이 되어 있을 것이다.

이들은 사회의 중추로서 정치, 사회, 문화, 경제 곳곳에서 중요한 결정을 내리고 막중한 역할을 담당하는 자리에 있을 가능성이 높다.

Z세대는 21~35세의 연령대로 대학을 거쳐 직업을 갖고, 조직 내에서 열심히 일하며 자신만의 세계를 만들어가는 세대로 성장해 있을 것이다. 활발한 경제활동을 통해서 구매력도 상당한 수준이 될 것으로 보이기 때문에 경영자나 디자이너들이 많은 관심을 가질 수밖에 없는 세대이다.

알파 세대는 5~20세의 연령대로 청소년들이 주축이 될 것이다. 디지털 트랜스포메이션의 혁명과 함께 좀처럼 종잡을 수 없는 세대가 될 가능성이 매우 높다.

이렇게 세대가 다이내믹하게 변화되는 시대는 지금까지 없었다. 변화는 분명 많은 사람들에게 새로운 기회를 제공할 것이다.

특히 새로운 비즈니스를 준비하는 스타트업이나 디자이너들에게 상상하지 못할 정도로 커다란 기회를 가져다줄 것이다.

디자이너란 결국 인간의 삶과 행동을 연구하는 사람들이다. 그러므로 앞으로 다가올 거대한 변화에 민감하게 대응할 수밖에 없다. 새로운 시대를 보는 새로운 '눈'이 필요한 시점이다.

디자인 세계에
던진
화두

디지털 기술이
어떻게 인간을 변화시키는가

2016년 4월, 나는 이탈리아 밀라노의 '디자인 위크^{Design Week}
2016' 콘퍼런스에 기조연설자로 초대를 받아 이탈리아행 비행기
에 몸을 실었다.

이 콘퍼런스는 전 세계 각 분야의 디자이너들이 모여 글로벌
디자인 트렌드에 대한 정보를 교환하고 미래 디자인의 방향을 예
측하는 자리다. 이런 자리에 기조연설자로 초청을 받았다는 것만
으로도 디자이너로서는 매우 영광이었다.

당시 디자이너로서 나의 관심은 "디지털 기술이 인간의 생활과
생각을 어떻게 바꾸어나가고 있는가?" 하는 것이었다. 디자이너의

Big Design is
a value creation process
from Big Data

역할은 인간의 삶을 아름답고 편리하게 만드는 일이기 때문이다.

디지털 트랜스포메이션의 최전선인 실리콘밸리에서 하루가 멀다 하고 생겨나는 다양한 스타트업과 최첨단 디지털 기술들이 가져오는 커다란 변화를 목격하면서 지금까지와는 완전히 다른 새로운 디자인이 필요하다는 것을 절실히 느끼고 있었다.

그리고 앞으로 이런 변화가 지속된다면 디자이너로서의 역할과 일의 범위도 크게 달라질 수밖에 없음을 깨달았다. 나는 오랜 디자이너로서의 경험에 최근 디지털 세상에서 겪은 변화를 반영해 새로운 디자인 이론을 정리했고, 그것을 '디자인 위크 2016' 콘퍼런스 무대 위에서 세계 각국에서 참가한 1,000여 명의 디자이너를 대상으로 처음 발표했다. 그것이 바로 '빅디자인Big Design' 이다. 세계 디자인 분야에 던지는 새로운 화두였다.

나는 이날 콘퍼런스를 통해서 "빅디자인은 빅데이터를 가공해

새로운 가치를 만들어내는 프로세스이다"라고 정의했다. 빅디자인이라는 용어에는 함축적인 의미가 담겨 있다. 그것은 보다 넓은 개념의 디자인이기도 하고, 지금까지와는 완전히 다른 새로운 디자인이기도 하다.

빅디자인에 대해서 생소하게 생각하는 디자이너들을 이해시키기 위해 나는 디지털 트랜스포메이션의 핵심 개념 중 하나인 빅데이터와 디자인을 연결해 이렇게 설명했다. "빅데이터를 사용해서 부가가치를 창출하는 모든 프로세스가 빅디자인이다."

과거에는 추측을 통해서 막연하게 떠올려야 했던 아이디어를 이제는 빅데이터를 통해서 더 정확히 예측하게 됨으로써 보다 빠른 속도로 아이디어를 개발할 수 있는 환경이 되었다.

또한 사용자의 선택에 대한 예측도 가능해져 아이디어 개발에 따르는 리스크도 대폭 줄일 수 있게 되었다.

빅디자인 vs
스몰디자인

그렇다면 왜 하필 빅디자인일까? 일반적으로 '디자인'이라고 하면 상품이나 서비스를 어떻게 꾸며낼지 연구하는 것이라고 생각한다. 물론 이것은 당연한 일이고, 디자인에 대한 일반적인 정의 자체를 부정할 이유는 없다. 하지만 변화하는 시대에 맞는 새로운 디자인의 역할이 필요한 것도 사실이다.

과거 산업 시대를 이끌어온 디자인이 데커레이션decoration, 즉 제품의 외관을 아름답게 꾸미는 '스몰디자인'에 머물러 있었다면, 디지털 기술로 인해 바뀌는 미래의 디자인은 사람들이 무엇을 필요로 하는지를 찾아내는 역할까지 담당해야 한다. 그것이 바로 '빅디자인'이다.

그러려면 빅데이터를 통해서 사람들의 미묘한 니즈needs와 원츠wants를 찾아낼 수 있어야 하며, 그것을 바탕으로 미래 사회를 한발 앞서 상상할 수 있어야 한다.

Big Design is knowing what to design,
Small Design is knowing how to design.

다시 말해 산업 시대의 스몰디자인이 'How to design', 즉 사물을 어떻게 디자인할 것인가에 대한 답을 찾는 과정이었다면 빅

디자인은 'What to design', 즉 무엇을 디자인할 것인가를 찾아내는 일이다.

비슷한 말처럼 보이지만 그 의미는 매우 다르다. 어떻게 디자인할 것이라는 얘기는 단순히 사물을 꾸미고 돋보이게 만드는 방법에 대한 이야기이지만, 무엇을 디자인한다는 것은 완전히 새로운 무언가를 만들어내는 일이기 때문이다.

이 작은 차이가 스몰디자인과 빅디자인을 구분 짓는다. 빅디자인은 지금까지의 디자인 개념을 넘어선 디자인의 영역과 역할을 새롭게 바꾸어놓고 있다.

디지털
트랜스포메이션과
빅디자인

상상할 수 없는
거대한 시장이 온다

실리콘밸리는 변화하는 세상의 최전선이다. 따라서 가장 먼저, 가장 빨리 새로운 기술을 통한 변화를 느낄 수 있는 곳이다. 지금으로부터 10여 년 전 그 한복판에서 빅데이터, AI, 스마트팩토리, IoT(사물인터넷), 딥러닝 등 새로운 기술들이 등장해 세상을 바꿔나가는 모습을 현장에서 목격했다.

실리콘밸리에서는 그러한 변화에 대해서 '디지털 트랜스포메이션'이라는 이름을 붙여주었다. 나는 디지털 트랜스포메이션이 가져오는 엄청난 변화를 직접 겪으면서 관련 소식을 빠르게 전파했다. 아마도 내가 트위터를 통해, 해시태그를 달아가며 우리나라에서 디지털 트랜스포메이션이라는 단어를 가장 먼저 사용한 사람이 아닐까 싶다.

이제는 디지털 트랜스포메이션이라는 용어는 물론 그와 관련된 다양한 기술이 우리의 생활 속으로 깊숙이 들어와 있다.

디지털 트랜스포메이션은 우리가 생각하는 방식과 일하는 방식, 그리고 살아가는 방식뿐만 아니라 산업 구조와 기업의 형태까지 바꾸는 거대한 혁명이다.

디지털 트랜스포메이션을 통해 상상할 수 없는 거대한 시장이 만들어질 것이다. IoT가 일상에 들어오면 모든 사물이 센서를 통해 감지되면서 주위의 사물들과 직접 연결될 것이다. 세상이 이렇게 바뀌면 우리가 사용하고 있는 일상의 '사물'들도 크게 변하게 된다.

지멘스의 CEO 조 케저^{Joe Kaeser}는 "4차 산업혁명은 단지 기술이나 비즈니스에 대한 것이 아니라 사회에 대한 것"이라고 말했다. 단순히 몇몇 제품이 새로 만들어지고 새로운 산업이 등장하는 수준의 변화가 아니라, 우리 삶의 많은 부분들이 변화하는 계기가 될 것이라는 전망이다.

지금 살고 있는 집, 일하는 사무실, 그리고 의자와 테이블을 비롯해 모든 가구와 생활용품, 가전 및 전자 기기, 자동차와 운송기기 등 모든 상품의 디자인을 새롭게 '리디자인^{redesign}'하기 위해서 열리는 '미래의 디자인 시장'의 규모 역시 쉽게 상상할 수 없는 수준이 될 것이다. 문자 그대로 사물인터넷은 만물을 재탄생시킬 것

The fourth industrial revolution is not just about technology or business. It's about society.

_Joe Kaeser President and Chief Executive Officer, Siemens AG

이다.

미국의 IT 기업인 시스코Cisco의 발표 자료에 따르면, 10년 이내에 IoT로 인한 경제 효과가 연간 19조 달러, 우리 돈으로 약 2경훠 원에 달할 것이라고 한다. 규모 면에서 볼 때 실리콘밸리 시대를 열었던 반도체의 파급 효과보다 수십 배나 큰 것이다.

사람들의 생활이 디지털 기술의 영향으로 바뀐다는 것은, 곧 이러한 변화를 예측한 기업들이 기존의 생산방식에서 벗어나 사람들의 새로운 니즈에 맞추어 바꿔야 살아남을 수 있다는 것을 의미한다.

변화의 속도를
따라잡는 기업만이 살아남는다

다른 기업보다 사람들의 생활 습관의 변화를 먼저 발견하고, 그들을 만족시키는 솔루션을 개발하는 회사들은 그 분야에서 선두 기업이 될 수 있겠지만, 반대로 빠른 변화에 대처하지 못하는 과거형 기업들은 퇴출 위기에 빠질 수밖에 없다.

"앞으로 10년 이내에 40퍼센트 정도의 기업이 문을 닫을 것이다. 그들이 살아남으려면 새로운 기술에 적응할 수 있게 기업이 전체적으로 개편되어야 한다."

글로벌 IT 회사인 시스코의 존 챔버스John Chambers 회장은 디지털 트랜스포메이션이 가져오는 거대한 변화를 이렇게 표현했다. 기업 관계자들에게는 섬뜩하게 들리는 말이 아닐 수 없다.

변화의 속도에 적응하지 못하는 기업들은 도태될 것이며, 디지털 트랜스포메이션에 실패하는 기업들 역시 서서히 사라져갈 것이다.

최근 세계 최대 기업들의 순위를 보면 애플, 구글, 마이크로소프트, 아마존, 페이스북 등 디지털 기반의 새로운 기업들이 톱 5를 차지하고 있다.

세계 경제를 선도하는 기업들 대부분이 디지털 트랜스포메이션을 통해 경쟁력을 갖추게 되었다는 것은 더 이상 놀라운 일이 아니다. 반면에 10년 전 세계 10대 회사로 알려졌던 기업들의 모습은 상위권 순위에서 찾아볼 수 없다.

　기업들이 살아남으려면 빅데이터를 통해서 사람들의 니즈를 찾아내고, 그 니즈를 채울 수 있는 솔루션을 만들어내는 빅디자인 프로세스를 시스템화해야 한다.

At least 40% of all business will die in the next 10 years… if they don't figure out how to change their entire company to accommodate new technologies.

_John Chambers Executive Chairman, Cisco System

혁신을
디자인하다

삶의 방식을
창조하다

자동차 공유 서비스 회사 우버Uber는 자동차를 한 대도 생산하지 않으면서 100년 된 세계 최대 자동차 회사인 포드의 시가총액을 가볍게 뛰어넘었다.

우버는 자동차라는 제품을 디자인하기보다 디지털 기술을 통해 모빌리티mobility를 혁신함으로써 사용자들에게 '자동차의 기능'을 새로운 방식으로 빅디자인한 것이다.

실리콘밸리의 간판 기업들 중 하나인 에어비앤비는 미국 로드 아일랜드 디자인 스쿨의 디자인 전공 학생인 브라이언 체스키Brian Chesky와 조 게비아Joe Gebbia가 10여 년 전 디자인 콘퍼런스 기간 중

기존 아파트를 임대할 수 있는 방법을 찾다가 창업한 회사이다.

이들은 여행자들을 위한 호텔을 디자인하는 대신, 세상에 비어 있는 집들을 찾고 사용할 수 있는 플랫폼을 디자인했다. 그 결과 지난해까지 세계 호텔업계 1위를 유지해왔던 80년 역사에 빛나는 인터콘티넨털 호텔 그룹을 제치고 호텔업계에서 시가총액으로 세계 1위를 차지했다.

중요한 사실은, 이들은 부동산을 하나도 가지고 있지 않다는 것이다. 호텔 건물은커녕 호텔 방 하나도 없이 호텔업계에서 세계 1위가 되었다. 어떻게 이런 일이 가능했을까?

그것은 바로 발상의 차이에서 비롯되었다. 이미 세상에 존재하고 있는 호텔을 디자인하기보다 디지털 기술을 활용해 여행객들이 필요로 하는 숙소를 찾아내는 방식으로 새롭게 디자인한 것이다.

에어비앤비의 두 창업자 외에도 실리콘밸리의 창업자들 중에 의외로 디자인 스쿨 출신이 많다는 것은 시사하는 바가 크다. 디자이너들이 창업 전선에 뛰어들고 있는 것은 디자인이 디지털 시대의 중요한 경쟁력이 되고 있기 때문이다.

구글이 2014년 32억 달러, 우리 돈 약 3조 4,000억 원을 투자해 인수하면서 큰 화제가 되었던 실내 온도 조절 장치 개발 회사인 네스트의 공동 창업자 토니 퍼델Tony Fadell 역시 애플 출신으로 '아이팟의 아버지'라는 별명을 가지고 있던 명디자이너 출신 경영자이다.

디지털 시대의 디자인은 과거 산업 시대의 그것보다 영역과 역할이 매우 커졌으며, 이에 따라 디자인 방식도 달라져야 한다. 산업 시대의 디자인 역할이 기술력에 따른 상품 개발의 마무리를 돕는 역할에 주력해왔다면, 디지털 시대의 디자인은 디지털 기술을 통해서 무엇을 개발할지 생각하는 역할을 해야 한다. 그것이 곧 빅디자인의 기본 정신이기도 하다.

혁신을 위한
5단계 실천법

혁신이 이루어지는 5단계는 다음과 같다.

1) 사람들이 채택할 만한 아이디어를 발굴하려면 사람들이 해결하려는 문제가 무엇인지를 찾아내라.

2) 아이디어가 떠오르면 거침없이 써내려가라. 대단한 혁신들도 우스꽝스러운 별것 아닌 아이디어로 시작되었다는 점을 잊지 마라. 아이디어는 또 다른 아이디어를 만든다.

3) 발명은 개인이 하지만 혁신은 팀을 구성해야 가능하다. 아이디어를 숨기려 하지 말고 함께 이루어낼 사람들에게 도움을 요청하라.

4) 기능 테스트를 위해서 아이디어를 프로토타입으로 전환시켜보라. 프로토타입 제작이 가능하지 않은 아이디어라면 버

리고 다시 시작하라.

   5) 실행하지 않는 아이디어는 의미가 없다. 수많은 아이디어는 이 지점에서 사장된다. 실행을 추진하라.

혁신은 선택이 아닌 생존의 필수 조건이다. 이 메모는 나에게도 늘 새로운 영감과 자신감을 안겨준다. 많은 디자인 프로젝트를 진행하다 보면 놓치기 쉬운 혁신을 위한 나의 자세이기도 하다. 세상에 쏟아져 나오는 기술들은 디자이너인 나에게는 보물 상자나 마찬가지이다. 아직 생활 속에 들어가지 못한 기술들이 널려있기 때문이다. 기술을 기술로 보지 말고 미래 상품의 기능으로 보라.

나는 생활의 불편함 속에서 혁신 디자인의 실마리를 찾는다. 비행기 속에서 앞자리의 꼬마가 불편한 자세로 앉아 휴대전화로 게임하는 모습을 보고 게임기를 디자인해서 M사에 제안한 콘셉트는 상품으로 탄생했다.

무조건 자신의 고집을 내세울 수는 없지만, 혁신의 단초를 놓치지 말아야 한다.

뛰어난 콘셉트가 일반인들의 비판 때문에 사라지는 경우도 있다. '바보 같은 모니터링FGI, fool guys interview'은 미래를 보지 못하는 일반인 다수가 천재의 상상을 보지 못하고 죽이는 혁신 킬러라고 볼 수 있다.

유행을 쫓게 되면 독자적인 상품을 만드는 경험을 얻지 못한

채 계속 따라가야 한다. 일등이 되면 따라갈 대상이 없어서 방황하기도 한다. 그러므로 자신만의 아이덴티티를 만들 수 있다면 자신의 브랜드를 따르는 팬을 확보할 수 있고, 치열한 가격경쟁으로부터 자유로워질 수 있다.

혁신은 일상생활 속에서 남들이 보지 못하는 것을 보는 것이다. 열정과 사랑 없이는 남들과 다르게 보는 눈을 가질 수 없다.

해보지 않은 일을 해보는 것이 바로 혁신이다. 모험이 따르는 것은 당연하다. 모험은 경험이고 실패는 연습이다. 실패로부터 자유로우며 모험을 즐기는 사람들이 성공할 가능성이 크다. 모범생보다 모험생이 성공할 확률이 높다.

얼마 전 한국에서 샌프란시스코로 가는 비행기 속에서도 나는 상상의 날개를 펼치고 있었다. 10시간이 넘는 비행시간이 짧게 느껴질 정도였다. 진행 중인 프로젝트를 생각하다가 승무원에게 종이와 펜을 달라고 요청한 뒤, 계속 스케치하다 비행기에서 내렸다. 나는 특히 완벽한 자유의 공간인 비행기 속에서 상상을 즐긴다. 할 일이 따로 없을 때 가장 중요한 일을 하게 되는 것이다. 혁신을 위해서는 때론 완벽한 자유의 시간과 공간이 필요하다.

기술보다
디자인이 앞서는
'온후지정' 시대

산업 시대에서
소비자의 마음을 움직이는 감성 시대로의 전환

우리가 지금 맞이하고 있는 변화는 산업혁명의 지속이라고만 보기에는 너무나 거대하다. 나는 지금의 변화가 산업 시대의 막을 내리고 새로운 '감성 시대'로 출발하는 분기점이라고 생각한다. 생산자가 세상을 움직이던 산업 시대에서 소비자의 감성이 세상을 움직이는 감성 시대로 변할 것이라고 예측하기 때문이다.

이러한 발상은 내 직업의식으로부터 출발했을지도 모른다. 40년 전부터 시작된 디자이너로서의 내 커리어는 산업 시대의 프로젝트에서 시작되어 디지털 시대의 프로젝트로 이어지고 있다. 이 과정에서 나는 사용자의 중요성에 대한 무게를 점차 느껴왔다.

이제는 사용자의 감성 만족이 디자인의 시작점이 된 것이다.

산업 시대의 디자인은 기계, 부품 등을 포장하는 포장 디자인 Enclosure Design에 불과했을 정도로 미흡하게 시작되었지만 공장에서 만들고 싶었던 상품들을 대량으로 찍어냈고, '마케팅'이라는 마술로 소비자들에게 물건을 팔아치울 수 있었던 시대이기도 하다.

이 과정에서 디자인이라는 단어가 가지는 의미는 매우 제한적이었다. 돌이켜보면 그 정도의 디자인에 대한 생각으로 앞으로 벌어질 세상의 변화를 따라잡을 수 있을지도 의문이다.

오늘날 디자인은 더 이상 기술을 포장하는 제한적인 일이 아니다. 산업 시대에 조연이었던 디자이너가 이제는 주연으로 세상을 바꾸어나갈 것이다. 디자이너들이 사용자들의 편에서 그들의 감성을 만족시켜줄 수 있는 솔루션을 찾는 일이 곧 빅디자인이며, 이렇게 바뀌는 시대가 감성 시대이다.

디지털 시대에 더 요구되는
따뜻하고 너그러운 마음

산업화 시대에는 중후장대重厚長大가, 정보화 시대에는 경박단소輕薄短小가 키워드였다면, 지금은 따뜻하고 후한 마음이 경쟁력을 갖는 온후지정溫厚之情이 경쟁력의 핵심이다. 온후지정은 기술이 아니라 디자인을 통해 드러나고, 그 같은 디자인의 밑바탕에 상상력이 깔려 있다.

　얼핏 디지털 기술력이 경쟁의 핵심인 듯 보이는 디지털 트랜스포메이션 시대에 오히려 따뜻하고 너그러운 마음이 경쟁력이라는 발상이 선뜻 이해되지 않을지도 모르겠다. 디지털은 기술의 표준화를 통해서 기술 자체의 경쟁력보다 '기술을 누구를 위해서 어떻게 사용할 것인가?'에 대해서 고민하는 사람을 중요시하기 때문에 상상력이 풍부한 디자이너들이라면 큰 경쟁력을 갖게 될 것이다.

　이제는 기술력보다 상상력이 미래를 만들어가는 시대이다. 기술력 자체도 물론 중요하지만, 그보다 상상의 눈으로 바라보는 사람들의 니즈를 만족시키기 위해 어떤 기술이든 접목시킬 수 있는 시대가 되었기 때문이다.

　스티브 잡스Steve Jobs는 이미 20년 전에 "테크놀로지와 휴머니티가 만나는 교차점에서 새로운 기능의 상품을 찾아낸다"고 말한 바 있다. 기술이 풍부해지고 표준화가 된 디지털 시대에는 사람들의 니즈를 찾아내는 일이 우선이라는 발상을 그 당시부터 했다는 사실이 그저 놀라울 뿐이다.

기업가는 디자이너처럼,
디자이너는 기업가처럼
생각하라

대기업보다 새로운 기업이
주목받는 시대

과거에 기업들은 제품 개발의 마지막 단계에서 디자인을 시작해 마무리를 장식하는 '스몰디자인'만으로도 충분히 제품을 차별화할 수 있었다.

그러나 기술 변화의 속도가 빨라지고 상품의 라이프 사이클이 짧아지면서 과거와 같은 디자인 방식으로는 기업들이 충분한 경쟁력을 확보할 수 없게 되었다.

어떤 기업이 가장 빠른 속도로 소비자들이 기대하는 신상품들을 기획해서 출시하는가가 경쟁의 핵심이 되었기 때문이다. 이런 환경에서는 가장 큰 회사보다 가장 새로운 회사가 더 주목받을 수밖에 없다.

빅디자인의 시대, 디자이너의 역할이 그 어느 때보다 중요해진 것은 바로 이 때문이다. 창의력을 바탕으로 상상에서 창조에 이르는 제품 개발의 전 과정에서 핵심적인 역할을 할 수 있는 새로운 개념의 디자이너가 필요하다.

디지털 트랜스포메이션 시대에 디자인 방식의 가장 큰 변화는 디자인이 모든 제품 개발의 첫 단계가 되어야 한다는 점이다. 상품이나 서비스 개발에 국한되지 않고 사업 기획이나 비즈니스 모델 창조 단계부터 시작해서 비즈니스의 모든 과정에 디자인 프로세스가 전개된다. 디자이너의 상상력이 새로운 기업을 만들어내는 비즈니스 모델의 기초가 되고 있다. 바야흐로 디자인 트랜스포메이션Design Transformation 시대가 도래한 것이다.

미국의 실리콘밸리가 리드하고 있는 디지털 경쟁 시대의 가장 선두에는 디자인 경쟁력이 자리하고 있다. 실리콘밸리의 많은 신제품들이 기술 연구소가 아닌 디자인 스튜디오에서 탄생하고 있다는 것만 보아도 달라진 분위기를 느낄 수 있다.

**THINK
LIKE
DESIGNER**
_Steve Jobs

디자인은 최고경영자의 가장 중요한 업무 중 하나가 되었고, 기업 내 모든 조직이 함께하는 일이 되었다.

아이디어의 출발점은 기술이 아니라 사용자들의 관심이다. 빅디자인 시대에는 비즈니스맨들 모두가 디자이너처럼 생각하며 사용자들을 위한 혁신을 시도해야 한다. 기업가들은 디자이너처럼 생각하고, 디자이너들은 비즈니스 플래너가 되어야 한다.

사용자의 미래 체험이 우선시되는
디자인 씽킹

실리콘밸리의 선두 기업들의 경쟁력이 '디자인 씽킹Design Thinking'에서 출발하고 있다는 사실은 더 이상 새삼스러운 것이 아니다. 처음에는 단순히 제품의 외양에만 적용되던 디자인이 이제는 '고객을 만족시킬 수 있는 모든 것'에 적용되고 있다.

빅디자인은 제품 개발의 각 단계에서 디자인적인 사고를 가져야 한다는 '디자인 씽킹'의 개념에서 한 발 더 나아가, 소비자들이 기대하는 신상품을 소비자의 미래 경험을 상상해서 새롭게 찾아낼 수 있도록 하는 완전히 새로운 디자인 개념이다.

"디자이너가 우선 디자인하고, 엔지니어는 그 디자인을 가능하게 하라."

디자인에 대한 스티브 잡스의 이런 철학이 애플을 경쟁사와 완전히 구별되는 근본적인 차이를 만들었다. 디자인이 한 기업을 세계 최대 기업으로 성장시키는 기본 바탕이 된 셈이다.

잡스는 애플의 구성원들에게 "사용자들의 미래 체험으로부터 상품을 기획해서 개발하고 기술은 마지막에 찾아서 접목하라!"고 늘 강조해왔다.

스티브 잡스가 떠난 후 10여 년이 지난 지금까지도 '선先개발, 후後디자인'이라는 과거 제품 개발의 패러다임에서 아직 벗어나지 못한 기업이 많다는 것은 정말 안타까운 일이 아닐 수 없다.

How designers think?

You've got to start
with the customer experience
and work backward
to the technology.

"Let designer design, then make
engineer make the design."

새로운 기술에 최고의 디자인을 입혀
소비자의 마음을 움직여라

기업이 개발하는 기술이 사용자들에게 주는 혜택이라면, 디자인은 사용자들이 상품으로부터 그 혜택을 느낄 수 있게 표현하는 기술이라고 할 수 있다.

사용자들은 기술에 대해서 깊이 알 수도 없고, 알고 싶어 하지도 않는다. 다만 기술이 만들어내는 편리성을 얻고 싶어 한다.

제품이 얼마나 편리한 혜택을 제공하는지, 그 기능성을 사용자들은 시각적, 감성적 판단으로 결정한다. 그것을 가능하게 하는 것이 곧 디자인이다.

디자인은 제품의 기능을 극대화해서 편리성을 주고, 쉽게 사용할 수 있는 방식을 고안해서 사용자에게 제공하는 일이며, 제품의 기계적이고 기술적인 우월성을 심미적이고 감성적으로 표현하면서 사용자의 마음에 가까이 갈 수 있는 최고의 사용성을 만들어내는 일이다.

'디자인은 기술을 파는 기술'이라는 깨달음은 새로운 기술을 개발하면서 우리에게 디자인 의뢰를 하는 신기술 기반 기업들을 위한 이노디자인 특유의 디자인 방식이기도 하다.

3D의
법칙

디지털 시대의 성공 공식
D+D=D

디자인Design, 디지털Digital, 드림Dream, 모두 알파벳 'D'로 시작하는 영어 단어이다. 이 세 단어에 뭔가 미래지향적인 공통점이 있다. 그것은 바로 "디자인과 디지털이 만나면 꿈이 이루어진다"는 것이다. 이것을 하나의 성공 공식으로 이렇게 표현할 수 있다.

$$D(Digital) + D(Design) = D(Dream)$$

디지털이라는 단어가 우리의 생활 속에 자리 잡은 지는 그리 오래되지 않았다. 하지만 디지털이 우리의 생활방식을 하나둘 바꿔나가는 시점에서 디자인의 역할이 변하고 있으며, 그에 따라 디자인의 영향력과 디자이너의 역할은 점점 더 커지고 있다.

아날로그 환경이 디지털 기술에 의해 변화되면서 디지털 기술을 어떻게 사용해야 더 좋은 상품과 만족스러운 생활환경을 만들 수 있는지에 대한 근본적인 질문들이 쏟아져 나오고 있으며, 그 답을 찾아내는 일이 디자이너의 몫이 되었다.

생산자 중심의 산업화 시대에 디자이너의 역할이 제품의 기능과 형태를 완성하는 데 있었다고 한다면, 디지털 트랜스포메이션 시대에 디자이너의 역할은 디지털 기술을 활용해 인간의 생활을 더욱 편리하게 만드는 비즈니스 아이템을 찾아내는 데 있다.

호기심은 상상하게 만들고
상상은 행동하게 한다

"그것을 이루려는 용기만 있다면, 우리의 모든 꿈은 이루어진다."

'꿈'이라는 세상에서 가장 강한 한마디는 미국의 비정치인들 중에서 가장 유명한 사람이라고 일컬어지고 있는 월트 디즈니Walt Disney의 인생을 만들어낸 '힘'이었다. 월트 디즈니는 우리에게도 익숙한 디즈니랜드를 남기며 자신의 꿈을 이룬 사람이기도 하다.

그는 자신이 남긴 수많은 작품들을 통해서 세계 각국의 어린이들에게 또 다른 꿈을 꿀 수 있게 만들었다. 그리고 많은 사람들이 꿈을 꿀 수 있는 곳, 즉 디즈니랜드를 선물해주었다.

"호기심을 가질 때 흥미로운 일들이 생긴다!"

이 말은 평생 어린아이처럼 생각하며 호기심을 유지했던 그의 인생이 어떻게 만들어질 수 있었는지를 짐작케 해주는 월트 디즈니가 남긴 또 다른 명언이다.

창의력은 우리들의 호기심으로 만들어지며, 삶에 가장 값진 가치를 제공한다. 월트 디즈니가 가장 어려웠던 고난의 시기에 쥐 한 마리를 보고 미래의 디즈니 왕국을 꿈꿀 수 있었던 것도 그의 타고난 호기심으로부터 비롯되었다.

살아가면서 호기심을 잃지 않는다는 것은 새로움을 추구하기 위해서 매우 중요하다. 창의적인 생산을 위해서뿐 아니라, 행복한 하루를 맞이하기 위해서도 매우 소중한 일이다.

All our dreams
can come true
if we have the courage
to pursue them.
_Walt Disney

호기심은 사람들을 상상하게 만들고, 상상 속에 보이는 미래는 사람들을 행동하게 만든다. 그리고 이 과정이 새로운 가치를 창조한다.

창의적인 사람이 되고 싶다면
어린아이처럼 생각하라

"창의력이란 상관없어 보이는 이질적인 것을 연결하는 힘이다."

남아프리카공화국 출신 작가인 윌리엄 플로머William Plomer가 한 말이다. 참으로 대단한 통찰을 담은 말이 아닐 수 없다.

'창의력은 무엇인가?'를 연구한 책은 기억할 수 없을 정도로 많지만, 이렇게 한마디로 간결하게 정리한 말은 없었던 것 같다. 상관없어 보이는 이질적인 일들을 연관지어 생각한다는 것은 결코 말처럼 쉬운 일이 아니다. 그래서 창의력이란 것이 어렵다.

창의적인 사람이 되려면 어린아이들처럼 생각하면 된다. 어린아이들은 아직 어른들처럼 흔한 상식에 노출되어 있지 않으므로 각기 다른 일들을 연관지어 생각하지 않기 때문이다.

창의성은 단순하고 순수한 생각 속에서 발생한다. 지식을 얻으면서 어른이 되어가거나, 어른이 된 사람들이 단순하고 순수한 생각을 기반으로 창의력을 발휘한다는 것이 얼마나 어려운 일인지는 상상하기 어렵지 않다.

CREATIVITY IS THE POWER
TO CONNECT
THE SEEMINGLY
UNCONNECTED.
William Plomer

"모든 어린아이들은 예술가이다. 문제는 어떻게 하면 이들이 커서도 예술가로 남을 수 있게 하느냐이다."

파블로 피카소Pablo Picasso가 남긴 이 말은 성장하면서 창의력을 유지하는 것이 얼마나 어려운 일인지를 잘 보여준다. 창의력을 가지려면 아이들과 같은 상상력을 유지해야 한다.

창의력은 진부함을 거부하는 특이함과, 단순하고 순수한 어린아이 같은 생각, 그리고 남을 위하는 마음이 합해져서 발생하는 가장 파괴력 있는 인간의 능력이다.

"Every child is an artist.
The problem is how to remain
an artist once he grows up."

내 경우만 해도 사람들의 불편함을 해결해주기 위한 작은 소망에서 비롯된 아이디어들이 적지 않았다. 측은지심惻隱之心이 강한 사람들의 눈에는 그렇지 않은 사람들보다 남들의 불편함이 더 잘 보인다. 디자인이란 참 쉬워 보이면서도 매우 어려운 일이다.

세상에 없다,
고로
디자인한다

C 레벨 디자이너들의
시대가 온다

2019년 라스베이거스에서 열린 국제전자제품박람회CES를 다녀
온 후 빅디자인 이론에 더욱 큰 확신을 갖게 되었다. 이제는 디자
이너들이 조연 배우의 역할에서 벗어나 기업의 경쟁력 창출에 앞
장서야 할 때라는 생각이 더 강렬해졌다. 더 이상 기술을 포장하
는 역할에 머물러서는 안 된다. 포장의 변화로 구매력을 창출할
수 없는 시대에 이미 와 있기 때문이다.

　　세상 사람들의 미래를 만족시킬 만한 아이디어를 가지고 있고,
그런 아이디어를 형상화할 수 있으며, 기술자나 개발자들과의 협
업을 통해서 사람들이 원하는 새로운 상품을 만들어낼 수 있는 능

력을 가진 디자이너가 있다면, 그 디자이너의 몸값은 얼마나 될까?

이런 디자이너를 채용할 수만 있다면 많은 CEO들이 이들을 찾아 나설 것이다. 미래의 경쟁력을 갖추기 위해서 CEO들은 서둘러 최고 디자인 책임자Chief Design Officer급인 'C' 레벨 디자이너들을 찾아야 한다. 그리고 '빅디자인'의 개념을 가진 능력 있는 디자이너들은 C 레벨의 디자이너로 활약할 수 있는 기회를 잡아야 한다.

빅디자인 시대의 디자이너는 비즈니스 전체를 이끄는 리더Leader이자 미래를 내다보는 선각자인 비저너리Visionary, 앞장서서 이끄는 선도자인 이니시에이터Initiator이며, 협업을 통해 각 분야의 전문가와 함께 비즈니스를 할 수 있는 코디네이터Coordinator이자 컬래버레이터Collaborator가 되어야 한다.

디자이너의 역할이 달라지면 협업 주체인 개발자, 상품기획자, 마케터뿐만 아니라 최고경영진들과도 일하는 방식이 새롭게 정립되어야 한다.

빅디자인이란 디자이너가 아닌 모든 부문에서 디자이너의 생각을 바탕으로 세상에 없는 아직 만들어지지 않은 제품을, 즉 충족되지 않은 욕구를 찾아내는 것이다.

디자인을 전공하지 않은
디자이너 출신 CEO

올해로 13년째 나이키를 이끌고 있는 CEO 마크 파커Mark Parker는 디자이너로 시작해서 최고경영자의 자리에까지 오른 입지전적인 인물이다. 파커가 CEO로 취임할 당시만 해도 나이키는 더 이상 성장할 여력이 없을 정도로 이미 너무 큰 기업이라는 평가를 받았다.

하지만 마크 파커가 처음 CEO를 맡았을 때인 2006년 나이키의 매출액은 137억 달러였지만 올해는 363억 달러로 세 배나 늘어났고, 시가총액도 다섯 배나 증가했다.

더욱 놀라운 일들 중 하나는 그가 디자인을 전공하지 않은 디자이너라는 사실이다. 고등학교 시절 육상선수로 활동했을 정도로 운동을 좋아하던 마크 파커는 자신이 불편함을 느꼈던 점을 개선하고 싶은 생각에 신발을 디자인하기 시작했는데, '에어 맥스', '조던' 시리즈 등 그가 디자인한 신발들이 잇달아 히트하면서 '전설의 운동화 디자이너'라는 별명까지 얻게 되었다.

그는 디자인과 경영의 공통점을 '편집 과정'이라고 말한다. 디자인을 고르는 역할이 회사 경영의 결정 과정 가운데 핵심이라는 것이다. '나이키의 잡스'라고도 불리는 마크 파커야말로 빅디자인 시대에 가장 적합한 디자이너이자 CEO가 아닐까 한다. 앞으로는 디자이너 출신 최고경영자의 트렌드가 모든 산업 분야로 파급될 것으로 예상된다.

빅디자인의
3단계 모델

빅디자인의 3단계 모델은 상상Imagine, 창조Create, 나눔Share이다. 사용자의 입장에서 미래를 상상하는 것으로 시작해 사용자들을 위한 제품이나 서비스를 창조한 뒤, 제조사 및 유통사와 다른 기업 간의 협업으로 기쁨과 편안함을 나누는 일로 완성된다.

빅디자인의 첫 번째 단계는 사용자 입장에서 미래를 상상하는 일이다. 디자이너로서 나는 항상 '상상'에서 답을 찾곤 했다. '상상할 수 있는 일은 모두 이루어진다'는 믿음이 나의 디자인 발상이라고 해도 과언이 아니다.

'Big Design'의 3단계 프로세스

1 IMAGINE
2 CREATE
3 SHARE

사용자의 입장에서 미래를 상상하고
사용자들을 위한 새로운 제품이나 서비스를 창조하여 제조사와 유통사 등
다른 기업들과 함께하는 협업을 통해 사용자들에게 기쁨과 편안함을 나누는 일

두 번째 단계는 창조이다. 사용자들을 위한 새로운 제품이나 서비스를 창조해야 한다. 디지털 기술의 발전은 우리들의 상상력을 더욱 빨리, 더욱 쉽게 현실로 만들어주었다.

세 번째 단계는 나눔이다. 다른 기업들과 함께하는 협업을 통해서 사용자에게 기쁨과 편안함을 나눌 수 있어야 한다.

빅디자인의 3단계 모델

1
IMAGINE

첫 번째,
사용자의 입장에서
미래를 상상해야 합니다.

2
CREATE

두 번째,
사용자들을 위한 새로운 제품이나
서비스를 창조해야 합니다.

3
SHARE

세 번째,
다른 기업들과 함께하는 협업을 통해
사용자들에게 기쁨과 편안함을
나누어야 합니다.

빅 디자인은
줄
긋기다

빅디자인이
세상을 바꾸다

첫째, 디자인을 중심에 놓고 관심 있는 분야의 점들을 찍는다. 많을수록 좋다.

둘째, 디자인을 시작으로 여러 관련 분야의 점들을 선으로 연결한다.

셋째, 세상에 없던 '방식'을 찾는다.

디지털 트랜스포메이션으로 세상이 급속히 바뀌고 있다. 지난 100년간 이어져왔던 산업 시대의 전성기가 막을 내리면서 새로운 천 년을 눈앞에 두고 있을 때였다.

1999년 12월 31일, 매우 길었던 하루로 기억한다. 인류가 '새 천 년을 맞이하고 있다'는 사실이 믿어지지 않을 정도로 신기했다. 이런 기분을 한 번 더 느껴보려면 천 년 후에도 살아 있어야 하는데, 그런 일은 불가능하다. 그래서 더욱 천 년 만에 한 번 오는 변화의 순간을 지나고 있다는 사실이 지금도 신기하게 느껴진다.

디지털은 우리들에게 천 년 만의 변화를 주는 신호탄이라는 생각을 지울 수가 없으며, 그것이 내가 '4차 산업혁명'이라는 단어를 싫어하는 이유다.

300여 년 전 영국에서 시작된 산업혁명Industrial Revolution은 기계, 전기, 인터넷 등 3차에 걸친 '산업'혁명의 단계를 넘어 이제 새로운 국면으로 접어들었다.

산업혁명 이후의 시대를 어떤 시대라고 이름 붙이는 것은 훗날의 일이다. 현재 우리는 디지털이 만들어가는 큰 변화의 첫 페이지에 와 있다.

현재 세계 5대 기업이라고 할 수 있는 마이크로소프트, 애플, 아마존, 구글, 페이스북이 모두 디지털로 세상을 바꾸어가는 기업들이라는 사실만으로도 충분히 공감할 수 있을 것이다.

지난 100년간 산업 시대의 절정을 만들어낸 세계 500대 기업 중 대부분이 자신의 자리를 빼앗기고 있는 실정이다. 앞서 언급했던 시스코의 존 챔버스 회장의 예언처럼 앞으로 10년 이내 비즈니스 모델을 디지털로 전환하지 않는 회사들 중 40퍼센트가 사라질 것이다. 과연 무엇이 바뀌는 것일까? 왜 세계 5대 기업이 모두 미국의 실리콘밸리와 시애틀에서 만들어진 것일까?

디지털로 인류의 생활 방식을 바꾸어나가려는 꿈을 가지고 시작한 실리콘밸리의 스타트업들이 새 천 년이 시작된 2000년 이후 불과 20년 만에 세계 기업의 판도를 바꾸어버렸다. 나는 사람들이 이런 엄청난 사실에 놀라지 않는 모습을 보며 오히려 놀라곤 한다.

아마도 나는 빅디자인이 세상을 바꾸어나가고 있다고 생각하는 유일한 사람일 것이다. 애플뿐만 아니라 구글, 페이스북, 아마존도 '디자인'이라는 단어를 광범위한 사업 전략으로 활용해 거대한 성장을 이루어냈다고 생각한다. 그들의 목표는 디지털이 바꾸어가는 인류의 생활 방식을 새롭게 그려나가는 데 있다. 그렇게 새로운 종이에 새로운 그림을 그려나감으로써 빅디자인이라는 새로운 개념이 만들어진 것이다.

세상과 통하려면
먼저 사람과 소통하라

빅디자인의 비결은 새로운 사업 모델을 '줄 긋기'로 찾아내는 것이다. 산업 시대의 '점' 키우기와는 정반대의 개념이다. 그리고 산업 시대의 성공 기업들이 100여 년간 키워온 점들이 사라지는 동안, 새로운 아이디어로 '줄 긋기' 하는 스타트업들이 그 자리를 대

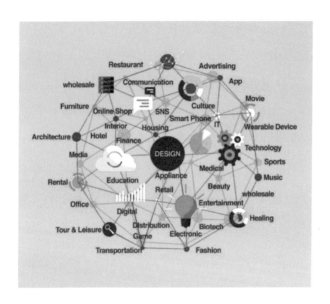

신하게 될 것이다.

디자인 중심의 협업 모델의 핵심은 '디자인 중심 줄 긋기'이다. 디자인을 하나의 점으로 표시해서 중심에 두고, 마인드맵을 그리듯 점 주위에 다양한 생각으로 또 다른 점들을 찍는다.

제품, 브랜드, 서비스, 소비자, 기술, 트렌드 등으로 찍은 점들을 연결해 줄을 그으면 세상에는 지금까지 없던 상품과 서비스가 탄생한다.

전 세계 시장에 새로운 서비스를 제공하고 세계를 통합하는 실리콘밸리의 기업들이 상품과 서비스를 개발하는 방식이다. 애플,

우버, 에어비앤비 등을 탄생시킨 방법이 바로 이런 형태의 빅디자인이다. 더 이상 마케팅, 디자인, 기술도 독립적으로 존재할 수 없는 생태계가 되었음을 시사한다.

우리는 지금 C$^{\text{Connected People}}$ 제너레이션의 시대에 살고 있다. 세상과 통하려면 먼저 사람과 소통해야 한다. 전 세계 70억 인구를 상대한다고 해도 결국 모든 것은 한 사람과의 관계에서 시작되며, 관계를 만드는 것이 미래에는 가장 소중한 경쟁력이 될 것이다.

디자인은
디자이너의
뜻을 따른다

바우하우스의
100년을 돌아보다

지금으로부터 100년 전인 1919년, 독일 바이마르에 새로운 개념
의 학교가 문을 열었다. 예술과 디자인에서 과거의 모든 것을 바
꾸려고 시도했던 이 학교는 근대 건축의 거장인 발터 그로피우스
Walter Gropius가 설립한 조형 예술 학교인 '바우하우스Bauhaus'이다.

"형태는 기능을 따른다."

발터 그로피우스의 합리주의, 기능주의 철학을 상징하는 이 유
명한 명제는 바우하우스 디자인의 특징을 상징적으로 보여준다.
1933년 나치에 의해 폐교될 때까지 단 14년밖에 운영되지 못했지
만, 바우하우스가 전 세계 예술과 디자인 역사에 남긴 흔적은 대

단했으며, 지금도 진행 중이다.

발터 그로피우스, 미스 반데어로에Mies van der Rohe 등 뛰어난 건축가들이 시작한 바우하우스는 건축, 장식미술 등 예술적 재능과 기계 중심 산업 시대의 기술자들의 만남을 통해 건축물들뿐만 아니라 상품을 생산해내는 모든 산업계를 현대화하는 데 큰 역할을 했다. 나 역시 그들의 선구적 혜안에 감동하며 감사하는 디자이너들 중 한 사람이다.

바우하우스 디자인과 산업의 만남은 새로운 산업을 출범시켰고, 대량생산 시대를 열어가는 대단한 역사를 이루어냈다.

2달러짜리 vs
200달러짜리 수도꼭지

하지만 100년 전이라고 하면 우리나라에서는 3.1 운동이 일어났던 해이다. 100년이 지난 오늘날까지도 그 명제는 유효할까? 지금으로부터 30여 년 전인 1990년대 초반, 미국 유학 후 디자인 컨설팅 에이전시에서 일을 시작하면서 "디자인은 디자이너의 뜻을 따른다"는 디자인에 대한 통찰을 얻게 되면서 "형태는 기능을 따른다"는 바이블 같았던 디자인 이론에 대해 의문을 갖기 시작했다.

언젠가 한 강연에서 "디자인은 디자이너의 뜻을 따른다"는 내 주장을 펼칠 기회를 얻었다. 나는 화면을 절반으로 나누어 좌우

양쪽에 각기 다른 수도꼭지가 그려진 그림을 한 장씩 보여주었다.

왼쪽 화면에는 "형태는 기능을 따른다"라는 문장과 함께 군더더기 하나 없이 수돗물을 100퍼센트 완벽하게 흘려보내는 기능을 할 수 있는 수도꼭지 그림을 보여주었다. 우리가 오래전부터 흔히 보아왔던 전형적인 수도꼭지의 모습이었다. 그리고 그 수도꼭지 아래에는 2달러의 가격표를 붙여두었다.

오른쪽 화면에는 미국, 이탈리아, 독일 등 세계 각국 디자이너들의 손을 거친 다양한 스타일의 수도꼭지 수백 개가 수돗물 흐르듯이 계속 이어지면서 나타나도록 했다. 이 수도꼭지에는 200달러의 가격표를 붙여두었다. 그리고 사람들에게 물었다.

"여러분은 왼쪽 화면의 옛날식 수도꼭지 형태가 기능을 따른다고 생각하나요?"

"네!"

이 질문에 모두 고개를 끄덕였다. 나는 다시 질문했다.

"그렇다면 오른쪽 화면에 보이는 수많은 형태의 디자인은 무엇을 따른 걸까요?"

이 질문에 모두 멈칫하면서 놀라는 모습을 보였다. 나는 설명을 이어갔다.

"오른쪽의 다양한 수도꼭지 형태는 단순히 기능을 따른 것이 아니라, 각 디자이너들의 뜻을 따른 것입니다."

수도꼭지를 만드는 사람이라면 어떤 수도꼭지를 만들어서 팔고 싶을까? 2달러짜리 수도꼭지 장사를 하고 싶을까, 아니면

200달러짜리 수도꼭지 장사를 하고 싶을까? 200달러짜리 수도꼭지를 만들어서 팔고 싶지 않을까? 2달러짜리 수도꼭지를 만들어서 성공할 수 있는 회사는 단 한 곳밖에 없을 것이다.

반대로 소비자라면 모두 가격이 싼 2달러짜리 수도꼭지를 원할까? 돈이 들더라도 더 멋진 디자인을 가진 200달러짜리 수도꼭지를 원하지는 않을까? 나라면 당연히 더 멋지고 아름다운 200달러짜리 수도꼭지를 사고 싶을 것 같다.

그 자리에서 내 주장에 이의를 제기하거나 반대하는 사람은 단 한 명도 없었다. 이제 세상은 바우하우스 시대를 넘어 디자이너들이 상품을 마음껏 구현해내는 디자인 시대가 시작되었다는 사실에 모두 공감했다.

더 좋은 세상을 만들기 위해
새로운 가치를 창조하라

공업으로 대표되는 2차 산업혁명 시대에는 정확한 기능을 갖춘 단순한 제품 한 가지를 찍어내는 것이 무척 중요했다. 그 선봉에 바로 자동차의 대량생산 시대를 열었던 포드 자동차가 있다. 하지만 이제는 아무도 포드 '모델 T'처럼 기능에 충실하면서 모두 똑같은 자동차를 타지 않는다.

디자이너의 의도에 따라서 다양하고도 아름다운 자동차가 얼마나 많이 등장하고 있으며, 또 그 자동차들이 얼마나 많은 소비자들을 행복하게 만들고 있는가.

바우하우스 운동은 조형에서 출발했기 때문에 시각적인 면을 상당히 중요하게 생각하지만, 내가 주장하는 빅디자인 이론은 단순히 제품을 아름답게 꾸미는 것을 넘어 시장의 변화와 더불어 생산자와 소비자의 관계 등에 주목하고 있기 때문에 오히려 경제 이론에 가깝다.

디자인이 기업이 되고, 디자인으로 창업하는 시대이다. 디자인에도 기업가 정신이 절실히 필요하다. 많은 사람들에게 새로운 가치를 보여주기 위한 창조가 바로 빅디자인의 핵심이다. 빅디자인을 통해서 디자인의 새로운 100년을 열어나가고 싶다.

주주에게 이익을 극대화하는 것이 기업의 목표라던 잭 웰치Jack Welch의 경영 철학이나 고객을 만족시키는 것이 경영의 최우선이라는 피터 드러커Peter F. Drucker의 고객 만족 경영 이론을 넘어 나는 기업이나 경영이 사람들에게 더 좋은 세상을 만들어주는 것이 되어야 한다고 믿고 있다.

주주의 이익을 최우선 과제로 생각하던 미국 기업의 CEO들의 생각이 바뀌기 시작했다. 이제는 고객, 직원, 친환경 등 모든 사회적 이해관계가 주주의 이익보다 우선하는 시대로 변화하고 있다. 그 이유는 주주의 이익을 우선시하는 기업들의 가치를 고객들이 인정하지 않는다면 기업 가치 성장에 한계가 오고, 결과적으로 주주에게 돌아가는 이익도 줄어드는 현상이 발생하기 때문이다.

Great companies start
because the founders want to
CHANGE
THE WORLD
not make a fast buck

Guy Kawasaki / www.geckoandfly.com

　세계적인 석학 로저 마틴Roger Martin 교수는 "경영인들이 주가
에 집중하는 것보다 고객을 위한 일, 직원들의 역량 개발, 세계와
사회를 위한 혁신에 집중해야 하며, 이 방법은 결국 주주의 이익
으로 돌아갈 것이다"라고 말했다.

　다시 말해 단기적 이익보다 장기적으로 사람들에게 좋은 환경
만들어주는 것이 결국 기업 가치를 제고시키는 일이므로, 그쪽으
로 방향을 전환해야 한다는 것이 미국의 경영자나 석학들의 공통
된 의견이다.

자라나는 기업을 발견하는
빅디자인

얼마 전 실리콘밸리에서 팔로알토의 투자 컨설턴트를 만났다. 나의 투자를 리뷰하고 조언해주기로 한 컨설턴트가 미팅을 요청해서 이루어진 자리였다.

그는 나에게 향후 투자의 방향을 재검토할 것을 추천하려 했다고 한다. 그 이유는 그동안의 투자가 이제 막 자라나는 회사들인 '그로스 컴퍼니Growth Company'에 치중되었기 때문이라고 했다. 한 시간 가까이 나와 이런저런 주장을 주고받으며 토론한 끝에 그는 나의 '미래 예측'에 빠져든 듯했다.

"20년 전 투자를 시작한 당시의 '그로스 컴퍼니', 즉 아마존, 구글, 애플, 페이스북의 미래 성장 가능성은 더욱 클 것으로 예상됩니다."

내 말에 그는 고개를 끄덕이며 격하게 공감했다.

무엇보다 놀라운 것은 불과 20년 전 투자 전문가들에게 '그로스 컴퍼니'로 분류되었던 실리콘밸리의 회사들이 이제 세계 최대 회사들로 구분되고 있다는 사실이다.

나는 그에게 말했다. 당시 투자했던 바로 그 회사들이 더욱 성장할 것이라고 믿는 이유는 그 회사들의 자금력이 이미 천문학적인 수준이며, 업 앤드 다운up and down 과정을 거치겠지만 변화의 드라이브를 걸거나 당면하는 문제를 해결하는 데 충분히 자금력으로 뒷받침할 수 있기 때문이라고 말했다. 그는 문밖까지 배웅하면서 '나의 비전'에 공감하게 되었다며, 자신도 새로운 투자 방향이 보인다고 했다. 컨설팅을 받으러 갔다가 컨설팅을 해주고 나온 셈이었다.

디지털의 커다란 물결이 이제 막 출렁이기 시작했다. 그리고 20여 년 전 탄생해서 세계 최대 기업으로 성장한 그로스 컴퍼니들이 또다시 태동하고 있다. 물론 우리나라 상황도 마찬가지다.

생활 방식의 틀을 바꾸어놓은 디지털은 세상의 만물을 새롭게 디자인하도록 만들 것이다. 그리고 세상의 만물을 디지털로 전환시키는 작업은 이제 시작되었다. 만물을 새로 만들어야 한다. 청사진 없이는 집을 지을 수 없듯이 디자인 없이는 만물을 만들 수 없다. 그래서 빅디자인 시대가 온다고 예측하는 것이다.

지금부터 발휘되는 빅디자인의 영향력은 과거 100년 전 시작되어 세상을 바꾸었던 '바우하우스' 운동보다 그 규모가 훨씬 더 클 것이다.

초유의
프로젝트
'디자인 퍼스트'

작업 방식을 뒤집어
일생일대의 반란을 꿈꾸다

"이건 뭔가 잘못되었는데⋯⋯."

1986년 실리콘밸리에서 이노디자인을 창업하고 10여 년의 시간이 흐른 시점이었다. 그동안 클라이언트들과 수많은 작업을 해오며 디자인 회사로서 명성을 쌓아가고 있었다. 클라이언트도 많이 늘었고, 그들의 의뢰에 따라서 원하는 상품을 열심히 디자인해주었다.

하지만 뭔가 허전했다. 클라이언트의 생각에 따라 정해진 조건하에서만 일을 하다 보니 디자이너들이 제 역량을 발휘할 기회가 많지 않았다.

아무리 좋은 아이디어가 있어도 클라이언트가 처음 제시한 제품 사양과 차이가 있으면 아무 소용이 없었다. 좋은 아이디어들이 그냥 사장되는 것을 볼 때면 씁쓸한 마음이 들기도 했다. 그러다 문득 새로운 아이디어가 하나 떠올랐다.

'순수하게 디자이너들의 아이디어로만 제품을 만들어보면 어떨까?'

어쩌면 조금은 무모한 도전처럼 보이기도 했지만, 이것은 곧 현실이 되었다. 이노는 디자인 솔루션 전문 업체인 유니그래픽스의 후원을 받아 영국의 저명한 디자인 그룹 앨로이와 공동으로 '디자인 퍼스트Design First'라는 초유의 프로젝트를 진행하기로 의기투합했던 것이다.

1년여의 기간 동안 디자이너가 하고 싶은 작품을 마음껏 만들어 이듬해인 1999년 호주 시드니에서 열리는 월드 디자인 콘퍼런스에서 '디자인 퍼스트'라는 타이틀로 전시회를 열기로 했다.

그리고 A부터 Z까지 26개의 알파벳을 반씩 나눠 그것을 키워드로 한 제품을 디자인하기로 결정했다. 이노는 이 가운데서 A, C, D, H, M, N, P, R, S, T, V, W, Z 등 13개 단어를 맡아서 오디오, 디지털카메라, 자전거 헬멧, MP3 플레이어 등 다양한 제품을 디자인했다.

하지만 어디서나 볼 수 있는 평범한 제품이 아니었다. 180도 회전하는 양방향 노트북, 손목시계처럼 생긴 MP3 플레이어, 접는 산악자전거, 고개를 돌리지 않고도 뒤를 볼 수 있는 자전거 헬멧 등 어느 하나 독창적이고 창의적이지 않은 작품들이 없었다.

클라이언트의 눈치를 볼 것도 없고, 매출이나 이익 등에 대한 고민도 없이 순수하게 디자이너의 의도만으로 만들다 보니, 디자이너 입장에서는 정말 원 없이 신나게 작업할 수 있었다. 지금까지 해왔던 디자인 작업 방식을 완전히 뒤집는 일생일대의 반란이었다.

마침내 '디자인 퍼스트'라는 이름하에 선을 보인 전시회의 결과는 대성공이었다. 이노는 월드 디자인 콘퍼런스에서 큰 주목을 받았고, 최고의 찬사가 이어졌다. 직접 디자인한 작업에 대한 만족도 또한 높았음은 물론이다.

'디자인 퍼스트'의 여운은 전시회가 끝난 후에도 한동안 계속되었다. 전시회가 끝나고 얼마 지나지 않아서 일본의 한 가전 회사 임원이 실리콘밸리의 이노디자인 사무실로 찾아왔다. 담당 임원은 나를 보자마자 잊지 못할 한마디를 남겼다.

"지금까지 당신들처럼 용감한 디자이너를 본 적이 없습니다."

그 임원은 자신도 디자이너에게 의뢰해서 제품을 만드는 사람이지만, 디자이너가 먼저 제품을 만든다는 것은 상상해보지도 못했다고 한다. 이 전시회를 통해서 이노는 글로벌 디자인 회사로서 발돋움했고, 전 세계적으로 인정받게 되었다. 2008년에는 일본의 경제지 「닛케이」로부터 '세계 10대 디자인 회사'로 선정되기도 했다.

아직도 진행 중인
'디자인 퍼스트'의 꿈

1999년 당시 선보였던 13개의 디자인 중에는 실제 제품으로 제작되어 빛을 본 것도 있지만, 여전히 우리의 상상 창고 속에 보관되어 있는 디자인들도 적지 않다. 나는 최근 '디자인 퍼스트'라는 창고에서 20년이 지난 디자인 하나를 꺼내 제품화해보려고 검토 중에 있다.

시간을 너무 앞서간 디자인이었기 때문에 그동안 빛을 보지 못했지만, 이제 때가 된 것 같다는 생각이 들었기 때문이다. 20여 년 전 실리콘밸리 팔로알토의 사무실 앞에서 얻은 아이디어로 만든 디자인이다.

1990년대 후반의 어느 날, 집에서 사무실까지 차를 운전해 출근하던 중이었다. 회사에 거의 도착해서 우회전을 하려는 순간, 자전거를 탄 사람을 발견하게 되어 급브레이크를 밟았다.

그 과정에서 자전거에 탄 사람이 놀라 길바닥에 넘어지고 말았다. 나도 깜짝 놀라 바로 차에서 내렸고, 자전거 운전자에게 달려가 상태를 살폈다.

"정말 미안해요. 다치지 않았어요?"

다행히 다치지는 않은 것 같았다.

"괜찮아요."

자전거 운전자는 조금 툴툴거리는 표정으로 괜찮다고 한마디하고는 일어섰다. 입으로는 괜찮다고 말했지만 기분이 좋을 리 없었다. 하지만 그는 다시 자전거에 올라탔고 계속 길을 갔다.

자전거 운전자가 이상이 없는 것을 확인하고 나도 자동차에 올라 다시 회사를 향해 차를 몰았다. 그런데 운전대를 잡자마자 자전거 운전자에 대한 걱정이 다 가시기도 전에 아이디어가 하나 번쩍 떠올랐다.

'헬멧에 카메라가 달려 있으면 좋겠다.'

넘어진 자전거 운전자에 대한 걱정은 어디론가 사라져버리고, 그 상황 속에서 디자인 아이디어가 떠오른 것이다. 내가 그렇게 인정머리 없는 사람이라고 생각하지는 않는데, 어쩔 수 없는 천생 디자이너로구나 하는 생각이 들었다.

사무실에 도착하자마자 잊어버리기 전에 종이를 꺼내서 스케치를 시작했다. 그런 다음 직원들을 모아 디자인 작업을 지시했고, 그것을 1999년 시드니에서 열린 디자인 전시회에서 '디자인 퍼스트' 전에 랜더링으로 선보였다.

그것이 바로 카메라가 달린 자전거 헬멧이다. 헤드업 디스플레이를 장착하고 있어 헬멧을 통해 보면 고개를 돌리지 않아도 뒤에서 오는 사람이나 자동차를 확인할 수 있다.

당시만 해도 디스플레이의 기술이나 해상도 때문에 아이디어는 있었지만 선뜻 상품화할 수 없었다. 지금은 기술적인 면뿐만 아니라 시장성에서 볼 때도 충분히 가능성이 있다고 판단된다. '디자인 퍼스트'에 전시했던 랜더링 디자인 중에서 앞으로 10년,

혹은 20년이 지난 후 다시 꺼내 쓸 수 있는 작품들이 있을지도 모르겠다.

20여 년 전에 시도했던 '디자인 퍼스트'에 대한 모험은 돌이켜 생각해보면 빅디자인의 출발점이 되었다고 할 수 있다. 클라이언트의 의뢰를 받지 않고 디자이너가 먼저 상상하고 디자인해서 제품까지 만드는 과정을 거쳤기 때문이다.

'디자인이 먼저!'라는 이 철학은 이후 이노디자인의 중요한 디자인 솔루션으로 자리 잡았고, 이것이 다듬어지면서 20년 후 '빅디자인'이라는 새로운 디자인 이론을 탄생시키는 데 중요한 역할을 했다고 믿고 있다.

작은 아이디어라고 할 수 있는
수많은 점을 연결하는 선 속에
혁신이 있다고 믿는다.
혁신의 단초가 되는 가장 작은 점은
문제를 바라보는
새로운 시각에서 시작된다.

ESIGN

디자인
정신으로
무장하라

디자인 30년,
내 마음속의
넘버원

이노디자인
베스트 30

Imagine there's no heaven, It's easy if you try,
No hell below us, Above us only sky….

　존 레논의 명곡 「이매진」을 배경음악으로 동영상이 하나 시작된다. 'INNO BEST 30 DESIGN'이라는 제목의 9분 30초짜리 이 영상은 2016년에 이노디자인 창립 30주년을 기념해 특별 제작한 것으로, 창립 기념회 행사장을 찾은 손님들을 위해서 상영되었다. 유튜브에 이 제목을 입력하면 지금도 동영상을 볼 수 있다.

　1986년 미국 실리콘밸리 산타클라라의 조그만 임대 사무실에서 이노디자인 간판을 달고 처음 회사를 시작하던 때가 생각난다. 비록 직원 한 명과 함께 작고 초라하게 시작했지만, 그날의 감동은 쉽게 잊을 수 없다.

그렇게 실리콘밸리의 스타트업으로 출발했던 이노디자인이 2016년 창립 30주년을 맞았다. 30년 동안 해온 수많은 디자인 작업들을 떠올려보니 줄잡아 3,000여 개는 되지 않을까 싶다. 물론 그중에는 세계적으로 주목을 받고 높은 평가를 얻은 디자인도 있지만, 아직 빛을 보지 못한 채 아이디어 스케치 상태로 책상 서랍 속에 고이 모셔져 있는 디자인들도 적지 않다. 30년 동안 작업했던 수많은 디자인 가운데 내가 가장 소중하게 생각하는 작품 30개를 고른다는 것은 결코 쉬운 일이 아니었다.

영상이 시작되자 가장 먼저 아이리버의 MP3 플레이어 H10(30위)이 등장했다. 이 제품은 2005년 라스베이거스 CES에서 마이크로소프트의 빌 게이츠Bill Gates 회장이 직접 들고 나와 미래를 이끌 첨단 제품으로 소개하면서 더 유명해진 제품이다.

그 뒤를 이어서 LG 디오스 냉장고(26위), 광명시 쓰레기 소각장 구름터(16위), 상상 속의 하늘을 나는 자동차(14위), 오메가 로봇 청소기(11위) 등이 등장했다. 하나하나 책 한 권으로도 모자랄 만큼 사연이 있는 디자인들이다. 디지털 제품에서부터 화장품, 건물, 자동차 등 분야를 뛰어넘는 다양한 작품이 망라되었다.

라네즈 슬라이딩 팩트(10위), 삼성 가로본능 휴대전화(7위), 아이리버 MP3 프리즘(6위), 블루투스 스피커 플라스크 2.0(3위) 등 순위가 하나하나 올라갈수록 친숙한 브랜드들이 등장했고, 청중들의 반응도 점점 더 뜨거워졌다. 2위로 국립중앙박물관으로 가는 지하 터널인 '나들길'의 모습이 비춰지자 '이노디자인이 저런 것까지?' 하는 표정으로 놀라는 사람들도 적지 않았다.

내 인생 최고의 디자인은
DXL-랩

"지금까지 해온 디자인 중에서 최고의 디자인은 무엇이었나요?"

평소 이런 질문을 종종 받는 편이다. 지금으로부터 10여 년 전에 썼던 『이매지너』라는 책의 에필로그에서 나는 이 질문에 대한 이야기를 잠깐 언급한 적이 있다. 당시에 나는 그 질문에 대해 이렇게 답했다.

> 나는 이럴 때마다 똑같은 대답을 한다. 아직 만들지 못했다. 하지만 그 디자인은 바로 내일 아침이라도 만들어질 수 있다. 내 생애 최고의 디자인은 아직 만들어지지 않았다. 그래서 나는 그것을 찾기 위해 지금도 노력 중이고, 앞으로도 계속 노력할 것이다.

그 당시만 해도 이렇게 대답했던 내가 형식이야 어찌 되었든

많은 사람들 앞에서 최고의 디자인을 발표하는 순간이 되었다. 이제 마지막 1위만 남겨둔 상태였다. 아주 짧은 시간이었지만 호기심 가득한 눈빛들이 스크린에 집중되어 있었다.

1. DXL-랩^{Design together}

'INNO BEST 30 DESIGN'의 대미를 장식한 1위는 바로 DXL-랩이었다. 그게 뭔지 몰라서 당황스러운 표정을 짓는 사람들도 있었고, 호기심을 보이는 사람들도 있었다.

DXL-랩을 풀어서 설명하면 '디자인 액셀러레이터 랩^{Design Accelerator Lab}'이다. 액셀러레이터란 가속 페달을 밟듯이 초기 기업을 지원해 비즈니스를 궤도에 올려놓는 스타트업 육성 기관을 지칭하는 말로, DXL-랩은 디자이너로서의 경험을 스타트업을 위해서 쏟아붓겠다는 내 의지의 표현이기도 했다.

DXL-랩을 이노디자인 창립 30주년을 기념하는 자리에서 처음으로 선보였다는 것이 내게는 무척 의미 있는 일이었고, 한편으

로는 나의 디자인 인생 전체를 놓고 봐도 무척이나 상징적인 일이었다.

그런데 수많은 디자인 작품들 중에서 왜 하필 DXL-랩을 1위로 선정했을까? 그 이유는 DXL-랩이 그동안 내가 디자인해온 모든 작품과 철학, 정신이 집약되어 있는 종합적인 개념이자 앞으로 디자이너로서 내가 가야 할 방향을 담고 있는 집약체이기 때문이다.

DXL-랩의 키워드이자 모토는 'Design Together'이다. 지난 30년 동안 나를 위한 디자인을 해왔다면 이제부터는 함께하는 디자인을 하고 싶다. 개별 제품을 디자인하는 데서 그치지 않고 거대한 비즈니스 모델을 디자인해나가고 싶다. 다시 말해 DXL-랩은 그동안 내가 생각해온 빅디자인 이론을 구체화하기 위한 새로운 장인 것이다.

꿈은
이루는 것이 아니라
함께하는 것이다

디자인 투게더의
시작

DXL-랩을 새롭게 시작하면서 판교에 있던 사옥을 떠나 역삼동
으로 사무실을 옮겼다. 스타트업을 꿈꾸는 사람들이 더 쉽게 다가
올 수 있고, 또 그들과 가까운 곳에서 좀 더 편하게 만날 수 있도록
하기 위해서였다.

역삼동에 아주 낡은 건물을 하나 매입해 이곳을 DXL-랩을 위
한 공간으로 사용하기로 했다. 낡은 건물을 보니 실리콘밸리에서
건물을 매입해 처음 사옥에 입주하던 때가 생각났다. 임대 사무실
에서 스타트업으로 창업한 후 꼭 10년 만에 팔로알토에서 꿈에 그
리던 이노디자인 사옥을 마련한 것이었다. 그곳도 역삼동 사옥처

럼 낡은 건물이었다.

"워낙 낡은 건물이어서 마음에 드실지 모르겠어요."

부동산 중개업자로부터 소개받은 건물은 마치 버려진 유령의 집 같았다. 스탠퍼드 대학교 캠퍼스 남쪽 끝에서 두 블록 떨어진 칼리지 애비뉴에 위치한 이 건물은 1960년대 말에 지어졌고, 그간 스탠퍼드 대학교 교수들이 연구소로 사용해왔다고 한다. 약 1,000평의 대지 위에 건평이 500평 정도의 건물로 첫인상이 아주 허름했는데도 왠지 마음이 끌렸다.

건물 입구에 들어서는 순간, 내 머릿속에 새 사옥의 이미지가 쫙 펼쳐졌다. 머릿속에 그려진 이미지가 마음에 들어서 나는 그 건물을 바로 매입했다. 그러고 나서 팔로알토 시내에서 독특한 건물을 많이 설계하고 있는 젊은 건축가 켄 헤이스Ken Hayes를 찾아가 1년 반 동안 함께 상의하며 이노디자인 사옥을 만들어나갔다.

리모델링 공사 때문에 먼지를 피해 다니며 프로젝트 일정 때문에 밤낮없이 일하던 기억이 난다. 앞으로 이 건물에 우리나라 스타트업들도 입주시킬 생각을 갖고 있다.

스타트업과 함께 꿈을 나눌
공간을 만들다

역삼동 건물도 팔로알토의 이노디자인 사옥처럼 낡고 허름한 것을 매입해 하나하나 손수 고쳤다. 리모델링을 위해 도면을 수천 장 그렸고, 을지로에 나가서 전등을 포함해 인테리어 소품들을 직접 골라와서 달았다.

이노코웍스INNOcoworks라고 이름을 붙인 이 건물은 '먹고 마시고 놀면서 디자인하자!'라는 슬로건을 앞세워 진행한 프로젝트의 결과물로서, 건물 안에 스토리가 있는 공간을 배치해놓은 '디자인 중심' 복합문화 융합 시설이다.

지하 1층 칵테일바PPL: PurplePeople Lounge를 시작으로 1층과 2층에는 카페INNO D-cafe, 3.5층에는 비즈니스 스페이스 렌탈INNOco-works, 4층에는 3D 솔루션3D Printer & Software과 VR 장비가 갖춰져 있는DXL-랩 등으로 구성되어 있다.

실리콘밸리의 팔로알토에 이노디자인의 새 사옥을 만들 때처럼 역삼동 DXL-랩을 위한 건물을 직접 리모델링하면서 스타트업들과 함께할 새로운 꿈을 꾸고, 그 의미를 생각하다 보니 그 순간이 무척이나 행복했다.

디자인은 함께하는 일이다. 디자인의 결과물이 어떠하고, 디자이너가 아무리 뛰어난 능력을 가지고 있다고 해도 디자인에서 제품 생산에 이르기까지 전 과정을 한 사람이 할 수는 없다.

우리의 일상생활을 편리하게 만드는 일, 살기 좋은 세상을 만드는 일에는 디자이너와 생산자, 그리고 투자자들이 모여서 협업을 통해 힘을 합치는 일이 반드시 필요하다.

앞으로 이 공간에서 많은 스타트업들이 모여 서로 나누고 공유

하며 함께하는 협업의 과정을 통해 빨리 성장할 수 있기를 간절히
바란다.

**나는 나의 디자인 능력으로
한국 기업들의 성장의
돌파구를 열고 싶다.
디자인 전성시대를 열어가는
역할을 해내고 싶다.**

_『퍼플피플』중에서

오래전 해외 미디어와의 인터뷰에서 했던 말인데, 지금도 그
생각은 조금도 변함이 없다. 과연 이 꿈을 언젠가는 이룰 수 있을
까. 아마도 자신이 가장 소중히 여기는 꿈은 이루는 게 아니라 끝
까지 함께하는 것일 터이다.

디자인의 힘으로 세계 최대 시장인 미국과 EU뿐만 아니라 새
롭게 열리고 있는 동남아시아 시장에서 '메이드 인 코리아'의 붐
을 다시 이루는 데 스타트업과 중소기업이 함께할 수 있도록 최대
한 힘이 되고 싶다.

디자인으로
스타트업 생태계를
만들다

내 이름을 건
스타트업 오디션

2019년부터 무역협회와 함께 1년에 네 번 '김영세 스타트업 디자인 오디션'을 진행하고 있다. 한때 우리 가요계에 큰 활력소가 되었던 오디션 프로그램인 〈K팝스타〉처럼 잠재력 있는 창업 희망자들을 발굴해 스타트업 생태계를 살리기 위한 취지다.

빅디자인이 곧 비즈니스 모델을 디자인하는 것이라고 한다면, 스타트업을 만드는 일 자체가 빅디자인의 중요한 역할이자 기능이기도 하다.

국내에는 이런 형태의 스타트업 오디션도 드물지만, 개인의 이름을 걸고 하는 경우는 더더욱 찾아보기 어렵다. 게다가 나처럼

KIM YOUNG SE
STARTUP
DESIGN
AUDITION

디자이너가 중심이 되어서 진행하는 스타트업 디자인 오디션은 아마 유일할 것이다.

"스타트업을 모십니다."

지난 5월 내 페이스북에 '제1회 김영세 스타트업 디자인 오디션'이 열린다는 내용의 글을 올리고 난 후, 불과 며칠 지나지도 않아 50개가 넘는 스타트업이 참가 신청서와 함께 사업 계획서를 보내왔다.

적게는 50쪽에서 많게는 80쪽에 이르는 두툼한 사업 계획서를 밤을 새워가며 꼼꼼히 정독했다. 상당한 분량의 사업 계획서를 검토해야 했는데도 힘든 줄 몰랐다. 마치 30년 전으로 돌아가 실리콘밸리에서 처음 스타트업을 시작하는 기분이었다. 무릎을 칠 만한 놀라운 아이디어가 등장할 때면 흥분으로 가슴이 뛰기도 했다. 그런 과정을 통해 최종 10개의 스타트업을 뽑아 최종 오디션 무대에 올렸다.

비록 서류 심사에서 탈락하긴 했지만 신청서를 보내온 스타트업 하나하나가 모두 소중했고, 또 한편으로는 그들 모두에게 기회를 주지 못해 무척 미안하기도 했다.

"다음 오디션에 또 도전해주세요. 다시 도전해도 또 보겠습니다. 우리 오디션은 실패가 없습니다. 언제든 환영입니다."

나는 탈락한 스타트업들에게 일일이 편지를 써보냈다. 그것은 진심이었다. 탈락한 스타트업들이 스스로 보완을 하거나 새로운 아이디어로 다시 찾아오기를 진심으로 바랐다.

멘토링이 아닌 파트너링과 프렌토링을 하라

최종 선발된 10개 스타트업과 함께 무역협회 코엑스 스타트업 브랜치 2층에서 오디션을 진행했다. 디자인을 조금 손보고 자금 면에서 도움을 주면 크게 성장할 만한 회사들이 눈에 띄었다. 비록 짧은 시간이었지만 현장에서 발표를 지켜보며 필요한 부분에는 세세하게 컨설팅을 해주는 것도 잊지 않았다.

오디션에 참가했던 10개 회사 가운데 4개 회사와 현재 디자인

및 펀딩을 결정한 상태이다. 전기 자전거와 최근 라스베이거스에서 열린 CES에서 인기를 끈 디지털 저울, 곧 생산에 들어가는 전동 보드 등을 만드는 회사들이다.

매년 10개 사씩 지원하고, 앞으로 더 늘리려고 한다. 이렇게 키운 회사를 장차 실리콘밸리에 진출시키는 꿈을 꾼다. 앞으로 2회, 3회, 4회 오디션을 통해서 지속적으로 투자할 스타트업들을 발굴해나갈 계획이다.

오디션 행사 외에도 DXL-랩을 통해 새로운 스타트업에 뛰어든 젊은 친구들을 많이 만나고, 그들을 돕기 위해서 여러 가지 활동을 해나갈 예정이다.

단순한 멘토링Mentoring을 말하는 것이 아니다. 멘토링이라고 하면 흔히 유명한 사람이 잠시 짬을 내어 뭔가 좋은 말 한마디를 던져주면서 훈수 두는 것이라고 생각하는데, 나는 그런 방식의 도움이나 협력에 대해서 무척 회의적이다.

책임도 없고 참여도 제한적이며, 무엇보다 함께하는 것이 아니기 때문이다. 내가 하고자 하는 것은 멘토링보다는 파트너링Partnering, 또는 친구와 같은 동반자인 프렌토링Friend-toring이다.

실제로 창업자를 사랑하는가, 그들과 같이 열정을 섞었는가, 함께 도전하고 싶은 마음이 있는가? 그것이 내가 생각하는 스타트업과의 관계다. 그래서 나는 멘토링보다는 프렌토링을 하겠다는 것이다. 회사를 보면 안다. 내가 디자인하고 싶은 곳이 있는가 하면, 천금을 준다 해도 하고 싶지 않은 곳이 있다.

좋은 말 한두 마디로 훈수를 두는 것이 아니라 그 회사와 함께 투자를 하고, 함께 모험을 해서 성공이라는 결과를 이끌어낼 수 있도록 하는 것이다.

괜찮은 기술력과 아이디어를 가졌으나 디자인 분야에서 취약한 스타트업을 발굴해 돕는다면, 회사의 성장에 날개를 달아줄 수 있을 뿐만 아니라 관련 업계에도 혁신의 바람을 일으킬 수 있을 것이다.

그동안 규모 있는 기업의 디자인 컨설팅을 주로 해왔지만, 앞으로 창업을 지원하는 일도 집중적으로 해내갈 계획이다. 스몰디자인에 머무르지 않고 빅디자인 관련 일에 적극적으로 나섬으로써 스타트업 지원을 통해 침체에 빠진 국내 제조업에 활력을 불어넣을 수 있기를 기대한다.

피카소는 스타트업들을 위한 최고의 멘토이다. 그의 말을 하나하나 자세히 들여다보면 그 속에는 안트러프러너Entrepreneur의 창업 정신이 배어 있다.

- 최고의 유혹에 빠져드는 일은 당신이 평생 해야 할 일이다.
- 라파엘의 그림을 배우는 데는 4년 걸렸는데, 어린아이처럼 그림을 그리는 데는 평생이 걸렸다.
- 창조의 모든 행위는 파괴로부터 시작된다.
- 당신이 상상할 수 있는 모든 것이 현실이다.

디자인으로 만난
차세대
안트러프러너들

오디션에서 발견한
원석

2019년 6월 3일 제1회 '김영세 스타트업 디자인 오디션'을 통해서 만난 2개의 스타트업은 이제 이노디자인 그룹의 액셀러레이터인 DXL-랩이 투자하고 지원하는 스타트업으로 합류하게 되었다.

온라인 예비 심사에 지원했던 50여 개의 스타트업 중에서 선발되어 오디션의 공동 주관사인 무역협회의 스타트업 브랜치에서 발표했던 베스트 10 스타트업 중에서 이노디자인의 파트너로 DXL-랩에 선정된 스타트업 중 한 회사가 오투엠이다.

오투엠의 창업자인 서준걸 대표는 "많은 사람들이 미세 먼지로 고통받지 않고 보다 건강하고 쾌적한 공기를 마실 수 있게 돕고 싶다"며 오디션에 참가한 소감을 밝힌 바 있다.

그는 자신이 8년간 근무했던 2차 전지 생산업체의 생산직 근로자들이 방진 마스크를 수시로 쓰고 벗으며 불편해하는 모습을 보면서 새로운 마스크를 만들 결심을 했다고 말하며, 우주비행사들의 비상용 호흡 장치에 적용된 '고체 산소 기술'을 마스크에 적용하는 아이디어를 갖고 창업에 도전하게 되었다고 했다.

서 대표의 IR^{Investment Relations} 프레젠테이션은 나를 감동시키기에 충분했다. 보통 사람들이 지나치는 남들의 불편함을 보고 새로운 아이디어를 떠올리는 것은 디자이너나 창업자가 가져야 할 '측은지심'이라는 깨달음은 나의 디자인 철학으로 자리 잡은 지 오래이기 때문이다.

나는 서 대표가 창업한 오투엠을 오디션의 베스트 10으로 선정했고, 오디션 이후 수차례의 미팅을 통해서 이노의 디자인력으로 성공 기업으로 만들 자신감이 생겼다. 그 후 오투엠을 DXL-랩이 지원하고 투자하는 또 하나의 기업으로 영입하게 되었고, 이노디자인의 디자이너들과 서 대표의 팀원들은 '세상을 놀라게 할 고체 산소마스크' 디자인에 열정을 가지고 아이디어들을 쏟아내고 있다.

한국무역협회와 뜻이 맞아서 시작하게 된 '김영세 스타트업 디자인 오디션'은 내가 꿈에 그리던 '스타트업 플랫폼'이다. 이 오디션을 통해서 나는 한국의 수많은 창업자들을 만나고 있다.

그들의 '꿈'을 들어보며 공감대가 생기면 바로 '프렌드'가 된다. 투자자로서뿐만 아니라 디자이너로서 스타트업 창업자들과 머리를 맞대고 디자인을 함께하는 파트너의 역할이 더 즐겁기 때문이다.

앞에서도 언급했지만 내 오디션 소식을 듣고 달려온 수많은 창업자들 중에는 10여 년 전 유행한 아이리버 mp3를 사용하며, 특히 이노디자인의 디자인을 사랑했던 나의 팬들이 많았다. 그들은 자신들의 제품에 내 디자인을 입혀서 성공해보고 싶다는 꿈을 가진 한국의 젊은이들이다. 내가 열정을 쏟지 않을 수 없는 가장 큰 이유다.

곧 이어질 제2회 오디션을 눈앞에 두고 또 다른 수많은 참가자들을 알게 되었고, 그중 선발된 베스트 10 스타트업의 사업 계획 발표를 기다리며 또다시 마음이 설렌다.

또 어떤 가능성을 접하게 될 것인가? 또 어떤 미래의 안트러프러너들을 만날 것인가?

30여 년 전 실리콘밸리에 이노디자인을 창업했을 때의 기분으로 돌아간 듯하다.

**캡슐 한방 차로 도전하는
예비 안트러프러너**

어느 날 잘 아는 중견기업 회장의 전화를 받았다. 그는 기업인들과 스타트업들의 모임에서 만난 메디프레소의 김하섭 대표를 디자인으로 꼭 한 번 도와달라고 간청했다. 그래서 만나게 된 김 대표는 준비가 잘된 예비 안트러프러너였다.

자신이 추진하는 사업 계획을 설명하는 모습에서 커다란 꿈을 이루려는 열정과 함께 제품의 차별화 전략에 확신을 가지고 있는 자신감, 그리고 제품 개발의 험난하고도 먼 길을 갈 준비가 되어 있는 뚝심이 모두 보였다.

김 대표가 창업한 스타트업 메디프레소는 우리에게 익숙한 캡슐 커피 방식을 자신이 연구한 한방 차에 적용하는 사업을 추진하고 있었다. 그의 비즈니스를 성공 모델로 만들기 위해서는 이미 세상에 나와 있는 캡슐 커피 머신과 차별화되는 획기적인 디자인이 필수라는 생각에 그를 돕기로 했다.

아니, 더 정확히 말하면 그와 함께 '아직 세상에 없었던' 새로운 캡슐 머신을 디자인하고 싶은 욕심이 생겼다.

열심히 사업 설명을 이어가는 그의 말을 들으면서, 나는 이미 머릿속으로 새로운 기능의 캡슐 한방 차의 디자인 상상도를 그리고 있었다. 첫 미팅 이후 담당자들과 서너 차례의 미팅을 거친 다음 이노디자인과 메디프레소는 'Design by INNO'의 또 하나의 성공 사례를 만들자는 뜻에서 협업 계약을 체결하고 디자인을 진행하고 있다.

수많은 미팅을 거쳐 시제품 제작을 눈앞에 두고 있는 지금, 머지않아 출시되면 분명 사용자들의 사랑을 받으리라 확신한다.

양사의 팀원들이 정말 열심히 만들어낸 세부적 디테일을 보면 절로 자부심이 느껴진다. 또한 자세히 들여다보니 사용자의 니즈와 원츠를 만족시키는 새로운 기능을 창조한 과학적 혁신들이 여기저기 숨어 있었다. 이 정도의 훌륭한 작품에는 'Design by INNO'로 시작되는 태그라인을 붙여야 하지 않을까 하는 욕심이 고개를 든다.

디자인이
곤
창업이다

한국 스타트업의
원조

평생 디자이너로 살아온 내가 요즘은 스타트업들을 대상으로 창업을 지원하는 일에 공을 들이고 있다. 이 때문에 이노디자인 본사가 있는 샌프란시스코와 DXL-랩이 있는 서울을 오가는 일도 더욱 잦아졌다. 분기별로 열리는 스타트업 오디션 행사에 참가하고, 또 그것을 통해 알게 된 스타트업들과의 협업을 위해 미팅을 하는 일들이 많아졌기 때문이다.

또한 한국경제 TV에서도 내 이름을 걸고 〈김영세 기업가 정신 콘서트〉를 진행하고 있다. 창업과 관련된 전문가들을 모시고 이야기를 듣는 프로그램으로, 나는 이 프로그램의 전체 진행을 맡고 있다.

어쩌다 보니 디자이너인 내가 내 이름을 건 스타트업 오디션에 이어 기업가 정신 콘서트까지 진행하게 된 것이다. 미국과 한국을 오가며 디자이너로서의 역할을 하기도 바쁜데, 뒤늦게 1인 2역의 중책을 맡게 된 이유는 무엇일까?

가끔 다른 사람들로부터 그런 질문을 받기도 하고 스스로에게 자문을 하기도 한다. 나에게 디자인이란 곧 '창조'를 뜻한다. 또한 디자인은 '창업'을 의미하기도 한다. 30여 년 전 미국 일리노이 대학교에서 어렵게 얻은 교수직을 박차고 나와 실리콘밸리에 입성했던 순간부터 '디자인'과 '창업'이라는 두 단어는 항상 내 마음 속 깊이 자리하고 있었다.

나는 디자인이 곧 '창업'이라고 생각한다. 그렇게 보면 디자인을 두고 다른 방면으로 '외도'를 하는 것이 아니라, 결국 디자인을 하고 있는 것이다. 과거에 해온 디자인이 '스몰디자인'이었다면, 지금 하고 있는 것은 '빅디자인'이라는 차이점이 있지만.

언젠가 한 신문사에서 주최하는 행사에 기조연설자로 초대되어 참석하면서 '한국 스타트업의 원조'라고 소개된 적이 있다. 늘 디자이너로 소개받는 데 익숙했던 내게 조금은 낯선 '수식어'였다. 한국에 벤처기업이니 스타트업이니 하는 용어들이 등장하기 훨씬 전부터 실리콘밸리에서 디자인 컨설팅 회사를 창업한 것 자체가 스타트업이었기 때문에 그것을 뒤늦게라도 인정해준 셈이라고 생각한다.

투자자로 변신한
디자이너

이노디자인을 창업한 이후 지금까지 나는 우리나라는 물론 글로벌 대표 기업들을 위한 디자인 컨설팅에 주력해왔다. 그 과정에서 내가 제공한 컨설팅을 통해 기업들이 성장하는 모습을 가까이서 볼 수 있었다.

디자인 컨설팅의 경험을 통해 어떤 기업들이 내가 제공한 디자인으로 수십 배 이상 성장하는 과정을 생생하게 지켜볼 수 있었던 것은 대단한 행운이었다.

디자이너로 출발했지만 수많은 기업가들과 프로젝트를 진행하고, 스타트업들의 사업 계획서를 검토하며 함께 비즈니스 모델을 그리다 보니, 디자이너로서의 크리에이티브와 기업가의 비즈니스 마인드가 내 안에 고스란히 쌓이게 되었다. 글로벌 무대에서 쌓은 실전 경험과 노하우를 이제 우리나라의 스타트업들에 전해줄 때가 되었다고 생각한다.

내가 스타트업들을 위해서 할 수 있는 일은 그들이 가지고 온 아이디어나 사업 계획서를 보고 잠재력이나 가능성을 찾아 앞으로 나갈 수 있도록 도와주는 것이다. 지금은 조금 부족한 상태일지라도 조금만 도움을 주면 뛰어난 경쟁력을 갖출 수 있을 것으로 예상되는 스타트업이 적지 않다. 그들을 찾아내어 지원하고 성장할 수 있도록 힘을 보태어주는 것이 내 역할이다.

보석 감별사들은 특별한 눈을 갖고 있어 유리로 가득한 그릇 속에서도 보석을 한눈에 알아볼 수 있다고 한다. 일반인들은 볼 수 없는 그들만의 특별한 능력이다. 수많은 창업 희망자와 그들의 아이디어, 그리고 사업 계획서 속에서 어떤 스타트업이 성공할 수 있을지 판단하는 일은 유리가 가득 담긴 그릇에서 보석을 골라내는 것처럼 어려운 일이다. 나는 지금까지의 경험을 바탕으로 보석 같은 스타트업들을 발굴해내는 '감별사' 역할을 자처하고자 한다.

모든 분야에서 그런 역할을 다 잘할 수는 없겠지만 디자인 중심적인 제품의 경우는 사업 계획서만 봐도 그 가능성을 발견할 수 있다.

내가 스타트업 액셀러레이터로 활동하는 모습을 보고 각 분야의 경험 있는 시니어 전문가들이 후원이나 지원의 형태로 스타트업을 돕는 일에 참여하고 싶다며 연락을 해온다.

나는 디자인 전문가이지만 다양한 분야의 전문가들이 참여한다면 지원할 수 있는 영역도 훨씬 넓어질 것이다. 앞으로 기회가 되면 이런 네트워크들도 활용해서 좀 더 넓은 분야에서 스타트업을 지원하는 일도 가능할 것으로 보인다.

좋은 아이디어를 가진 스타트업을 발굴해 그 생태계를 키우는 일은 침체되어 있는 우리나라의 경제를 살릴 수 있는 가장 확실한 대안이 될 것이다.

작은 아이디어로
세상을
바꾸다

실리콘밸리로
나를 이끈 힘

"Welcome to the hotel California…."

　내가 평소에 좋아하고 즐겨 부르던 이글스의 노래 「호텔 캘리
포니아」가 자동차의 FM 라디오를 통해서 흘러나왔다. 일리노이
대학교 어버너 샴페인 캠퍼스를 떠나서 일주일 넘게 자동차를 달
려 마침내 캘리포니아로 입성하는 순간이었다. 마치 우리를 환영
하는 듯했다.

　그때가 1982년도였으니 무려 37년 전의 일이다. 대학교수라는
안정된 자리를 박차고 그 멀고 낯선 곳으로 나를 이끌었던 힘은 무
엇이었을까? 아마도 그것은 실리콘밸리를 향한 막연한 동경이었을

것이다. 생각해보면 엄청난 인생의 변화를 가져온 큰 사건이었다.

　1975년 미국 유학길에 올라 로스앤젤레스 공항에 도착하던 순간, 나는 하늘에서 내려다본 로스앤젤레스의 거대함에 주눅도 들고, 잠시 멍한 기분에 빠지기도 했다. 한편으로는 비장한 결심도 했다.

　'미국에 온 이상 미국에서 성공한 디자이너가 되자. 그리고 나중에 한국에서 디자인의 뿌리를 내리겠다.'

　그로부터 7년 후 실리콘밸리가 나를 불렀다. 당시 일리노이 대학교에서 산업디자인과 교수로 재직 중이던 나는 실리콘밸리의 소식을 전하는 미디어에 귀를 기울였다. 왠지 커다란 변화가 일어날 듯한 생각에 호기심이 생겼다. 미국의 미래를 만들어갈 반도체, 컴퓨터 등 새로운 산업이 뜨고 있다는 소식이었다.

　요즘에는 실리콘밸리가 세계를 변화시키고 있다는 사실을 모르는 사람들이 없겠지만, 30여 년 전 미국에서 이미 지금의 변화가 시작되고 있었다는 사실을 아는 사람들은 그리 많지 않았다.

　일리노이 대학교의 교수라는 신분은 나를 유학 보내주셨던 부모님에게는 매우 소중한 타이틀이었던 것 같다. 내가 교수직을 버리고 실리콘밸리로 떠난다고 말씀드렸을 때 부모님께서 많이 아쉬워하셨던 것이 기억난다. 나를 교수로 임용해주었던 일리노이 대학교 산업디자인과 원로 교수인 지고르스키 교수님도 많이 섭섭해하셨다.

　사실, 유학을 마치고 불과 2년 만에 미국 명문대의 교수 자리를 얻으리라고는 꿈에도 생각지 못했었다. 졸업 후 시카고의 하리앤드어소시에이츠라는 디자인 컨설팅 회사에서 디자이너로 일하던 중 일리노이 대학교 산업디자인과에서 교수를 채용한다는 소식을 듣고 큰 기대 없이 호기심으로 도전했는데, 운이 좋게도 교수로 임용이 된 것이었다.

일리노이 대학교에서 2박 3일간의 테스트와 많은 교수들과의 인터뷰가 있었고, 그 과정에서 지고르스키 교수님의 마음에 들었던 것 같다. 2년간의 짧았던 교수 생활은 벅찰 정도로 행복했으며, 학생들과 함께했던 시간은 지금도 잊을 수 없는 경험으로 쌓여 내 삶에 커다란 단초로 자리 잡게 되었다.

그러나 실리콘밸리를 향한 꿈이 이제 막 정들기 시작한 학생들과 대학 캠퍼스를 떠날 수밖에 없도록 만들었다.

예전에 어디선가 발견한 아래의 그림을 보면서 짠한 기분이 들

었다. 이노디자인을 창업하고 세상을 아름답게 바꾸어보려는 내 꿈이 나를 외롭고도 험한 길로 안내했다. 남들이 가보지 않은 길을 가려고 하는 것은, 남들이 가본 길은 이미 새로운 길이 아니기 때문일 것이다.

우리가 굳이 남들이 가지 않는 길을 택하는 이유는, 아마도 호기심이 우리를 그곳으로 끌고 가기 때문이 아닐까. 험난하지만 올바른 길로 홀로 걸어가는 사람들이 대부분 그들을 따라가는 수많은 사람들을 먹여 살린다.

대부분의 사람들이 살아가기 위한 수단을 만들며, 그들이 살아갈 수 있는 환경을 만드는 사람들을 '안트러프러너'라고 부른다.

지갑 속에 감춰둔
브랜드의 꿈

1986년 3월 28일 실리콘밸리의 산타클라라에 작은 사무실을 얻어 'INNODESIGN'이라는 회사를 창업했다. 유학길에 오른 지 10년 만의 일이었다.

INNODESIGN이라는 회사 이름을 만든 것은 실리콘밸리에서 창업하기 5년 전이었다. INNODESIGN이라는 회사명과 브랜드가 탄생했던 순간은 지금도 잊을 수가 없다. 유학 후 취업한 시카고의 디자인 회사에서 일하던 어느 날 오후, 문득 나만의 회사를 갖고 싶다는 생각에 빠져들게 되었다. 그러다 갑자기 이런 생각이 들었다.

'회사를 창업하면 이름은 뭘로 하지?'

나는 곧 상상의 나래를 펼치기 시작했다. 그러다 갑자기 떠오른 단어가 'innovation'이었다. 나는 곧바로 'INNODESIGN'이라는 회사명을 떠올렸고, 생각을 놓칠세라 로고 디자인까지 끝냈다. 세모와 네모, 그리고 동그라미로 INNO를 형상화한 지금의 로고가 그때 탄생한 것이다.

단 5분 만에 일어난 일이었다. 이때 얻은 브랜드와 로고 디자인을 보면 간절하게 갈망하는 나에게 '하느님'이 주신 선물이 아니었을까 하고 믿을 수밖에 없다.

내 꿈의 회사였던 INNODESIGN의 로고는 그 후 5년 동안이나 지갑 속에 숨어서 밖으로 나올 날을 기다려야 했다. 나는 그 시간 동안 로고가 담긴 지갑 속의 메모지를 한 번도 꺼내본 적이 없다. 마치 열면 날아가 버릴까 봐 겁이 나서였는지도 모른다.

실리콘밸리 집 주차장에는 2002년형 메르세데스 벤츠 자동차가 있는데, 앤티크에 가까운 낡은 모델이지만 정이 들어서 요즘도

2002년형 메르세데스 벤츠의 자동차 번호판
이름으로 쓰고 있는 'INNO'.

가끔 타고 다닌다.

이 차에 애정을 갖고 있는 이유 중 하나가 바로 'INNO'라는 번호판 때문이다. 미국에서는 약간의 돈을 더 지불하면 자신이 원하는 숫자나 글자 배합의 라이선스 넘버를 가질 수 있다.

이노디자인을 창업할 때 확보한 'INNO'는 아무도 신청할 수 없는 내 차의 고유 넘버가 되었다. 돌이켜보면 INNO 브랜드와 함께 일하고 또 같이 살아왔다는 생각이 든다.

하지만 한국에 오면 '이노'라는 브랜드 때문에 가끔 웃어야 할지, 울어야 할지 난감한 마음이 들 때가 종종 있다.

"한국에 계열사를 가장 많이 가지고 있는 디자인 회사입니다."

가끔 내가 강연에서 썰렁한 농담으로 하는 회사 소개 이야기 중 한 대목이다. 한국에 오면 '이노○○○'이라고 붙은 브랜드가 여기저기서 너무나 눈에 많이 띈다.

2000년 1월, MBC 유명 프로그램인 〈성공시대〉에 출연했던 게 발단이 되었다. 한국 시청자의 거의 절반이 시청했다던 방송이 끝난 후 나는 하루 사이에 5,000통이 넘는 이메일을 받았고, 한국 전역에 '이노' 열풍이 불어닥쳤다. 특허청 기록에 따르면, 그날 하루만에 650개가량의 '이노~' 브랜드가 접수되었다고 한다. 언젠가 특허청에 알아보니 '이노~' 브랜드만 3,000개가 넘는다고 한다.

이렇게 많은 사람들이 방송을 통해서 본 나의 브랜드를 변형해 등록 신청을 했다는 사실도 놀랍지만, 사용하지도 않는 브랜드를 그렇게 쉽게 등록할 수 있다는 사실도 믿어지지 않는다. 미국만 해도 실제 사용이 증명되지 않는 상표는 등록이 되지 않을뿐더러 규제도 까다로운 편이다.

더욱 믿기 어려운 사실은, 조그마한 중소기업들뿐만 아니라 이름만 대면 알 수 있는 대기업에서도 비슷한 브랜드를 만들어 사용하고 있다는 점이다.

지금도 당황스러운 것은, 나를 찾아오는 기업인들이 나에게 '이노○○○'이라는 회사명이 인쇄된 명함을 내밀면서 자신을 소개하는 분위기가 여전하다라는 사실이다.

아이디어로
세상을 바꾸다

맨땅에 헤딩하듯 실리콘밸리에 창업을 했고, 내 브랜드를 가지고 수많은 역경을 넘어왔지만 한 번도 뒤돌아본 적은 없다. 내 아이디어로 세상을 바꾸어나가고 있다는 자부심은 그 무엇과도 바꿀 수 없는 소중한 자산이었고, 매일 새로운 일들과 만날 수 있다는 사실도 흥미로웠다.

창업이란 다양한 경제활동 중에서도 가장 축복받은 일이다. 나의 힘으로 세상을 바꾸는 일이기 때문이다. 그동안의 디자인 경험은 나에게 창업도 '빅디자인'이라는 깨달음을 주었다.

스타트업들이 구상하고 있는 사업 모델들은 내 눈에 모두 하나의 커다란 디자인 프로젝트로 보인다. 그 이유는 디자인의 목표와 창업의 목표가 크게 다르지 않기 때문이다.

첫째, 새로운 변화를 추구한다.

둘째, 사람들에게 편리함과 기쁨을 전한다.

이 두 가지는 디자인과 창업이 공통적으로 가지고 있는 큰 뜻이다.

디자이너인 내가 스타트업을 지원하는 것은 단순히 디자인 컨설팅의 영역을 넘어 멀리 내다보는 대기획이라고 할 수 있다. 창의적인 디자인을 사업기획 전반에 적용해서 디자인 파워를 통해 기업 가치를 100배 이상 함께 키워나갈 수 있는 스타트업들을 발굴하고, 그 꿈을 이루기 위한 디자인과 투자를 아끼지 않겠다는 뜻이기 때문이다.

마치 내 회사를 만들어서 '성공'시키고 싶은 꿈을 이루듯이 디자인을 통해 새로운 스타트업들을 성공시키는 스타트업 제조기 역할을 하고자 하는 것이다. 그리고 그것이 바로 빅디자인이다.

안트러프러너십과
디자인 씽킹

기업가 정신이
곧 디자인 정신이다

실리콘밸리에서 디자인 사무실을 운영하면서 30여 년 동안 한국을 200번 이상 방문했던 것 같다. 그동안 만난 기업인들만 해도 수천 명에 달한다. 그들을 가까이 만나면서 우리 국민들이 생각하는 기업인들의 모습과는 많이 다르다는 것을 느낄 수 있었다.

　우리는 아직까지 기업인이나 경영자라고 하면 종업원을 부려서 돈을 버는 사람 정도로 여기며 부정적인 시각을 갖고 있는 것이 사실이다. 하지만 미국만 해도 기업인들에 대한 평가는 우리가 생각하는 것과 완전히 다르다.

　흔히 기업가들을 '안트러프러너'라고 부르며, 혁신을 통해서 새로운 가치를 창조하는 사람을 의미한다. 몇 년 전 TV에서 방영되었던 EBS 다큐프라임 〈앙트레프레너, 경제 강국의 비밀〉(방송에서 '안트러프러너'를 잘못 표기함) 편에서는 안트러프러너가 창조적 파괴를 통해서 어떻게 인류의 삶을 변화시켰는지 잘 보여주었다. 대항해 시대 이후 경제 강국들의 흥망성쇠가 바로 이 안트러프러너에 의해서 좌우되었다는 것이다. 안트러프러너가 많은 시대는 부유했고, 그 사회는 경제 강국이 되었다.

안트러프러너는 자신의 재능과 재산을 모두 털어 넣어서 무無에서 유有를 만들고 유有에서 부富를 만들며, 그렇게 얻은 부를 함께 나누는 사람들이다.

기업가 정신인 안트러프러너십Entrepreneurship은 단순히 돈벌이를 위한 생각이 아니라 '세상을 위해 좋은 일을 만들어내는 것'을 의미한다. 지금까지 존재하지 않았던 새로운 방식이나 상품들이 혁신적인 안트러프러너에 의해서 탄생한다. 이들의 노력 덕분에 세상이 발전하고 인간의 생활도 개선된다.

세상을 위해 좋은 일을 만들어낸다는 것은 곧 경제를 일으킨다는 것이고, 경제를 일으키면 일거리가 생기고 일자리도 만들어진다. 그들 덕분에 경제가 활성화되고, 일자리가 생김으로써 많은 사람들의 소득이 늘어나게 된다. 안트러프러너는 살기 좋은 나라, 살기 좋은 세상을 만드는 데 크게 공헌하는 사람들이기 때문에 사회로부터 존경을 받는다.

디자이너들도 안트러프러너처럼 무에서 시작해 완전히 새로운 가치를 창조하고, 그것을 많은 사람들이 사용할 수 있도록 만든다. 자신의 자본이나 재능을 통해서 부가가치를 만들어내고, 그것을 많은 사람들과 나눈다는 점에서 안트러프러너십과 디자이너 정신은 매우 비슷하다고 볼 수 있다.

안트러프러너가
존경받는 사회

유대인들은 전통적으로 아이들이 어렸을 때부터 어른들과 함께 식탁에 앉게 함으로써 자연스럽게 어른들의 비즈니스 이야기를 듣게 한다. 그러면서 자연스럽게 비즈니스 감각을 갖도록 만든다는 것이다.

그렇다면 우리의 모습은 어떨까?

"어른들이 얘기하니 애들은 저리 가라!"

이런 것이 일반적인 정서가 아닐까? 위에서 언급한 이야기를 통해 세계에서 가장 이재에 밝고 비즈니스를 잘한다는 유대인들이 그냥 태어나는 것은 아니라는 사실을 알 수 있다.

우리나라도 어린아이들에게 커서 무엇이 되고 싶으냐는 질문을 할 때 변호사나 의사, 가수, 축구선수처럼 자연스럽게 안트러프러너라고 대답하는 시대가 왔으면 좋겠다.

기업가 정신, 즉 안트러프러너십이 올바르게 인식되고, 훌륭한 기업인들이 국민들로부터 사랑과 존경을 받는 시대가 되었으면 하는 바람이다.

어린아이들까지 그런 생각을 갖기는 쉽지 않겠지만, 적어도 대학생이나 고등학생 정도의 아이들이 안트러프러너십을 이해하고 창업을 고민하게 된다면, 우리 사회 전체를 위해서도 매우 바람직한 현상이라고 할 수 있을 것이다.

불편한 것을 볼 수 있어야
성공한다

"무언가 마음에 들지 않는 것을 발견했을 때, 더 나은 걸 만들 수 있는 기회를 잡는 능력이 안트러프러너십이다."

영국 버진그룹의 리처드 브랜슨Richard Branson 회장은 안트러프러너십을 이렇게 정의했다. 브랜슨 회장은 창의적 경영인으로 유명한 세계적인 기업가이다. 그는 사람들을 불편하고 피곤하게 만드는 것을 보고 그런 문제를 해결할 기회를 잡는 사람이 진정한 기업가, 즉 안트러프러너라고 말했다. 그 해결책은 더 나은 제품이나 친절한 서비스가 될 수 있다.

불편함을 참지 못하는 사람들, 특히 남들이 불편해하는 모습을 보면 해결하려는 마음이 앞서는 사람들이 디자이너로 성공할 수 있듯이, 기업인들도 생활 속의 불편함을 볼 수 있어야 성공한다. 이

Finding something
frustrating
and seeing an opportunity
to make it better
is what
entrepreneurship
is all about.

_Richard Branson

렇게 주장하는 브랜슨 회장의 이야기를 들어보면 디자이너의 마음
과 안트러프러너의 생각이 다르지 않다는 것을 쉽게 알 수 있다.

글로벌 가전 회사인 다이슨의 설립자 제임스 다이슨James Dyson
이 산업디자인을 공부한 디자이너 출신이라는 사실은 시사하는
바가 매우 크다.

청소기 하나로 시작한 다이슨이 어떻게 수십조 원 규모의 대기
업으로 성장할 수 있었는지 생각해보면, 디자이너와 안트러프러
너의 공통점을 조금 더 깊이 이해할 수 있을 것이다.

빅디자인 시대에는 디자이너와 안트러프러너의 경계가 없어
진다. 디자이너는 비즈니스를 알아야 하고, 기업인은 디자인을 알
아야 한다. 그러므로 디자이너가 안트러프러너가 되고, 안트러프

러너는 디자이너가 되어야 한다. 이것은 빅디자인의 기본 개념이기도 하다. 이 두 가지 성격이 어떻게 잘 결합되느냐가 기업의 경쟁력을 말해줄 것이다.

Our mission is simple, solve the problems others seem to ignore.

_**James Dyson** Inventor and Engineer

경쟁자가
없는 곳에
투자하라

예측하기 어려운 곳에
답이 있다

"적은 기대, 더 많은 가치Less expected, more value."

상상하기 어려운 일일수록 이루어낸다면 더 큰 가치를 만들어 낼 수 있다. 그러나 도전하기 쉽지 않다는 이유로 많은 기업들이 예측이 가능한 손쉬운 사업 분야에 뛰어든다. 조금만 생각해봐도 여기에는 문제가 있다.

다음 그림에서 볼 수 있듯이 예측이 쉬운 사업 분야는 진입 장벽이 낮기 때문에 수많은 기업들이 참여하게 되고, 따라서 경쟁이 치열할 수밖에 없다.

경쟁이 치열한 사업 분야에 뛰어들면 살아남는 일이 쉽지 않다. 한정된 파이를 많은 사람들이 나누어야 하기 때문이다. 수익성도 떨어지는 데다 경쟁에서 밀리면 바로 퇴출이다. 그런데도 사람들은 또다시 비슷한 경쟁 구도를 찾아 들어간다. 쉽게 예상이 되기 때문이다.

하지만 예측하기 어려운 곳에 답이 있다. 예측이 어렵다는 것은 리스크가 크고 진입 장벽이 높다는 것을 의미한다. 아직 많은 사람들이 쳐다보지 않는 곳이다.

나는 이곳에 비전이 있다는 것을 알고 있으며, 이곳을 바라보는 스타트업을 찾아 나선다. 디자이너이자 투자자인 나에게는 이곳이 바로 '황금 어장'이기 때문이다.

기업을 만들고 싶어 하는 사람들의 마음속에는 두 가지 욕심(욕망)이 있다. 첫째는 돈을 벌고 싶은 것이고, 둘째는 자신의 능력을 발휘해서 새로운 가치를 창조하고 싶은 것이다. 사실 이 두 가지 욕심은 같은 것이다.

빨간 점에 도전하라

스타트업으로 성공을 꿈꾸는 사람들에게는 다음 그림의 빨간 점이 되어 도전하라고 조언하고 싶다. 파란 점이 된다는 것은 기업 창조로 세상을 바꾸어보려는 안트러프러너 정신이 아니기 때문이다.

"Less Expected, More Value"

스타트업 도전은 어려운 것이고, 성공 가능성을 가진 도전하는 사람 찾기도 쉽지 않다.

빨간 점들로 채워진 공간도 시간이 지나면 파란 점들로 포화된 격전지로 변하게 될 것이다. 이미 알려진 기회 공간에는 모방자들이 몰려오기 때문이다.

따라서 예측이 어려운 사업 분야를 찾아서 부가가치를 창조하는 성공의 길로 들어서는 순간, 창조적 마인드를 가진 기업인들은 또 다른 도전을 찾아 나서야 한다.

다시 그림을 살펴보자. 파란 점의 공간은 막혀 있지만 빨간 점들의 공간은 의도적으로 열어놓았음을 눈치챌 수 있을 것이다. 그 공간은 창의적 기업인들에게는 시간이 갈수록 계속 무한대로 열릴 것이다.

실패로부터
자유로워져라

아이디어가 원석이라면
디자인은 보석이다

당신이 구상하는 신상품의 아이디어에 관해 생각해보자.

 1) 신제품 탄생의 의미가 있는가?

 2) 세상을 살기 좋고 아름답게 변화시킬 수 있는가?

 3) 사람들에게 편리함을 주는가?

 4) 사람들을 기쁘게 만들어주는가?

 5) 충분한 시장이 있는가?

 6) 출시 후 다른 상품들도 탄생시킬 수 있는 확장성이 있는가?

위의 질문의 답이 모두 "Yes"일 때 디자인을 시작하라!

아이디어를 떠올리는 일보다 중요한 것은 그 아이디어를 실행하는 일이다. 좋은 아이디어가 떠오르는 경우는 많아도 그 아이디어를 실행한다는 것은 어려운 일이라는 사실을 경험한 사람들이 적지 않을 것이다.

그런데 아이디어를 실현시키는 비결이 있다. 바로 디자인이다. 나는 2000년에 출간했던 나의 첫 저서 『12억짜리 냅킨 한 장』에서 '아이디어가 원석이라면 디자인은 보석'이라는 커다란 깨달음에 대해 말한 적이 있다.

아무리 좋은 아이디어가 있어도 디자인이라는 가공을 거치지 않으면 그냥 원석일 뿐이다. 디자인은 원석과도 같은 거친 아이디어를 현실에서 귀하게 사용할 수 있는 보석으로 만들어내는 기술 혹은 마술이다.

아이디어를 실현하는 이노디자인의 디자인 6단계는 다음과 같다.

1) Observe(생활 속의) 관찰

2) Understand(불편한 점) 발견

3) Ideate(아이디어) 발굴

4) Visualize(시각화를 통한) 표현

5) Communicate(생산자와의) 소통

6) Realize(출시를 통한) 실현

그릿,
재능보다는 노력이다

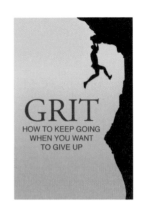

이러한 과정이 매우 힘들므로 무한한 노력과 많은 시련 끝에 그릿Grit을 통해서 성공적인 디자인 하나가 탄생되는 것이다. 그릿이란 미국의 심리학자 앤젤라 더크워스Angela Duckworth가 개념화한 용어로, 성공과 성취를 끌어내는 데 결정적인 역할을 하는 투지 또는 용기를 말한다. 즉 재능보다는 노력의 힘을 강조하는 개념이다.

"좋은 아이디어는 얻는 것이 아니라 만들어내는 것이다."

누가 말한 것인지는 모르지만 볼 때마다 매우 훌륭한 표현이라는 생각이 든다. 하나의 아이디어가 현실이 되어 사람들에게 편리함과 기쁨을 줄 수 있다면, 그 노력은 높이 평가받아야 마땅하고, 그 역할을 해내는 사람들은 큰 보상을 받게 된다.

기업가로 성공하는 사람들은 대부분 남다른 아이디어로 시작해 끊임없는 좌절과 실패와 재도전을 거치면서 아이디어를 실현해나가며 일생을 보내게 된다.

아이디어를 현실로 만들어내는 노력 끝에 그 아이디어가 실생활에 도움을 주는 결과를 보며 느끼는 성취감은 이루 말할 수가 없을 것이다. 그것이 세상을 바꾸어가는 창의적 인재들에게 동기부여를 함으로써 상상을 초월한 노력과 도전을 하게 만드는 것이다.

"이 세상에서 어떤 실패도 맛보지 않은 사람이 있다면, 그는 새로운 것을 만들어보려는 어떤 노력도 해보지 않은 사람이다!"

아인슈타인의 이 명언은 한번 깊이 새겨볼 만하다. 이 말을 뒤집어보면 '무언가 새로운 것을 만들어보려면 실패를 두려워해서는 안 된다'는 뜻이다.

Anyone who
has never made
a mistake has
never tried
anything new.

_Albert Einstein

성공으로 가는 길에는
수많은 실패가 놓여 있다

"디자인상도 많이 받으셨지만 실패 사례도 많을 텐데 들려주실
수 있을까요?"

  인터뷰를 할 때마다 종종 받는 질문인데, 이런 질문을 받을 때마
다 참으로 난감한 기분이 든다. 하지만 이렇게 솔직하게 대답한다.

  "디자인이란 이 세상에 없던 새로운 물건을 만드는 일이라, 수
없이 많은 실패를 겪어서 일일이 다 기억할 수조차 없습니다."

  그리고 한마디 덧붙인다.

  "새로운 생각을 하기에도 시간이 모자라서 지나간 실패 사례는
군이 기억하려고 하지 않죠."

사람들이 이런 질문을 많이 하는 이유는, 아마도 실패를 두려워하는 것이 당연하다고 생각하기 때문일 것이다.

디자이너인 나 역시 아직 보지 못한 새로운 상품을 구상할 때면 실패의 가능성을 인정하지 않을 수 없다. 하지만 너무 궁금해서 도전하지 않을 수도 없다. 실패의 두려움보다 호기심이 더 클 때 우리는 새로운 도전을 하게 된다.

실패의 두려움 < 호기심의 크기 = 도전!

어떤 분야든 마찬가지일 것이다. 어떤 사람들은 같은 이유로 실패를 무릅쓰고 새로운 창조에 도전한다. 그리고 이런 사람들의 도전으로 만들어진 많은 결과물들은 나머지 사람들의 생활을 즐겁고 편리하게 만들어준다. 세상이 변하고 진화하려면 실패를 무릅쓰고 새로운 창조에 도전하는 사람들이 계속 나와야 한다.

실패를 통해서 성공의 확률이 높아진다. 어떻게 하면 다음 기회에 실패하지 않을지 배울 수 있는 길은 실패를 해보는 방법밖에 없다.

'농구의 황제'로 불리는 마이클 조던Michael Jordan에게 성공의 이유가 무엇인지를 물었을 때, 그는 다음과 같은 간결한 대답으로 많은 사람들을 놀라게 했다.

"수많은 슛의 실패가 수많은 슛의 성공으로 이어졌습니다."

분야에 관계없이 성공 가도를 걸어가는 사람들이 수많은 실패

127

를 경험했다는 사실은 새로운 일에 도전하는 사람들에게 용기를 불어넣어줄 것이다.

마크 저커버그Mark Zuckerberg는 "실패로부터 자유로울 때 위대한 성공이 가능하다"라고 말했다. '실패로부터 자유로워진다'는 것은 실패를 견딜 수 있는 경제적 여유를 가지고 있다는 의미가 아니다. 역설적으로 말하면 아무리 큰 재산을 가지고 있어도 실패가 두려워서 새로운 뜻을 펼치지 못하는 사람이나 기업들도 적지 않다.

실패로부터의 자유로움은 경제적 여유로 만들어지는 것이 아니라, 자신감에서 비롯된다. 자신감은 일반인들이 상상하기 어려운 양의 도전과 실패를 통해 쌓인 경험에서 나오며, 이렇게 쌓인 힘이 만들어내는 내공을 '그릿'이라고 표현할 수 있다.

'긍정의 힘'의 원천이기도 한 자신감을 만들어내는 일은 각자의 의지에 달려 있기에, 실패로부터의 자유로움도 각자가 만들어

The greatest
successs come from
having the freedom to fail.
_Mark Zuckerberg

낼 수 있는 자신만의 몫이다.

성공으로 가는 길이 수직 상승선이 아니라 매우 복잡하고 험난한 길이듯, 성공하기 위해서는 험난한 길을 가는 것을 두려워하면 안 된다는 말을 저커버그도 똑같이 하고 있다. 나이에 상관없이 성공의 길을 가고 있는 사람들은 배짱이 대단한 사람들이다. 그들이 바로 무언가를 만들려는 사람들, 굳이 이름을 붙이자면 안트러프러너들이다.

갈 지之자로 가도
목표만 뚜렷하면 된다

"성공은 기업가를 위한 동기부여이다!"

사람들은 성공으로 가는 길이 얼마나 험난하고 어려운지 잘 알지 못한다. 그래서 뒤에 나오는 그림을 처음 봤을 때 "갈 지之자로 가도 목표만 뚜렷하면 괜찮다"는 위안을 받았다.

하지만 이 그림이 우리에게 주는 가장 좋은 의미는 '여유'다. 성공에 집착하는 사람들일수록 마음이 조급하다. 그리고 실패를 두려워한다. 실패가 두려우면 도전을 포기하고 쉬운 길을 택한다. 그러다 보면 자신의 능력을 낭비하기 쉽고, 훗날 후회할 수도 있다.

그림을 자세히 들여다보며 자신은 이 그림의 어디쯤 지나고 있는지를 상상해보라. 어느 지점을 지나고 있는지에 상관없이 목표

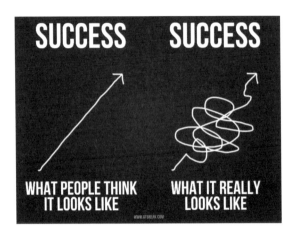

를 향한 화살표는 자신이 가고 있는 길의 앞쪽에 위치할 것이다.

그러고 보니 '성공success'이란 손에 잡히는 게 아니라 나를 움직이는 '동기motivation'다.

우리는 어떤 '꿈'을 그리고, 그 꿈을 이루기 위해 살아간다. 그 꿈이 '나'뿐만 아니라 '남들'도 위하는 것이라면 '안트러프러너십'이라고 말할 수 있다.

안트러프러너십을 가지고 꿈을 쫓는 사람은 오른쪽 그림처럼 복잡하고도 험난한 길을 가겠지만, 어려운 시련을 극복하게 되는 만큼 보람도 클 것이다.

인생에 대해서
목표만 뚜렷하다면
갈 지之자로 걸어도 괜찮다.
다양한 체험은
커다란 목표를 향해 가는
지름길이다.

_『퍼플피플』 중에서

12억짜리
냅킨 한 장

빅터 파파넥
교수와의 만남

『12억짜리 냅킨 한 장』은 내가 처음으로 출간한 책의 제목이다. 어려서부터 꿈꾸었던 '책 쓰기'를 실천에 옮긴 것이 20여 년 전이다. 그 후 『이노베이터』, 『이매지너』에 이어 네 번째 책 『퍼플피플』을 출간한 지도 벌써 4년이 지났다. 어쩌다 보니 마치 올림픽 대회를 열 듯이 대략 4년에 한 권씩 책을 내게 되었다.

"학교 다닐 때 책 읽는 것을 본 적이 없던 네가 진짜 쓴 거 맞냐?"

몇 년 전 고등학교 친구가 내가 쓴 책을 보고 물어보았던 기억이 난다. 그 질문에 나도 "그러네……"라며 인정할 수밖에 없었다.

내가 책을 쓰게 된 동기는 매우 특이하다. 한국에서 대학생 때 읽었던 『인간을 위한 디자인Design for the real world』이라는 책은 '아름답게 꾸미기'가 디자인이라고 이해하며 '디자이너' 지망생이 된 내 생각을 180도 바꾸어놓았다.

그런데 이 책의 저자인 빅터 파파넥Victor Papanek 교수(당시 캔자스 대학교)와의 운명적 만남이 이루어졌고, 그 교수님의 책을 번역할 기회를 얻게 되었다.

유학 초기에 찾아온 행운이었다. 학교 게시판에 빅터 파파넥 교수의 강연 공지가 올라온 것을 보고 놀란 나는 맨 앞자리에 앉아서 파파넥 교수의 강연을 들을 수 있었다. 강연이 끝난 후 나는 교수들만 들어갈 수 있는 리셉션 디너에 용감히 들어가서 파파넥 교수가 앉을 자리의 옆좌석에 미리 앉았다. 떨렸지만 쫓겨날 각오를 하고 용기를 낸 것이었다. 하늘이 도왔는지 다행히도 학생이냐고 아무도 물어보지 않았고, 파파넥 교수에게 내 소개를 할 수 있었다.

'한국에서 온 유학생이며, 교수님의 책을 감명 깊게 읽었고, 나의 꿈은 그 책을 한국어로 번역해서 한국에 소개하는 것'이라고. 말도 안 되는 부탁을 교수님이 선뜻 허락해준 것은 나의 절박한 모습 때문이었는지도 모른다.

기회를 얻은 나는 열심히 번역을 했고, 아이러니하게도 그 책을 번역하면서 수북하게 쌓인 자료와 글들을 모아 『12억짜리 냅킨 한 장』이라는 제목으로 내 생애 첫 번째 책을 출간하게 되었다.

좀 더 솔직하게 말하면 번역을 포기하면서 나의 글을 쓰게 되었다. 즉 책을 번역하던 중에 디자인에 관한 생각, 요즘 흔한 말로 나 자신의 '디자인 씽킹'이 만들어지고, 그것을 책으로 발표하게 된 것이다. 번역을 포기하게 된 상황은 교수님께 말씀드렸고, 한참 후에 그 책은 다른 사람에 의해 번역되어 우리나라에 소개되었다.

냅킨 위에서 탄생하는
유니콘들

디자인에 관한 생각의 메모장들이 모여 책으로 만들어지는 최종 과정에서 출판사로부터 제목을 제안받았는데, 그것이 바로 '12억짜리 냅킨 한 장'이었다. 당시 이노디자인의 한 직원이 "왠지 웨이터의 성공 스토리 같다"며 우려를 표했지만, 나는 마음에 들어서 제목으로 채택했던 기억이 난다.

나중에 출판사 담당자의 이야기를 들어보니, 책의 내용 중에 상상 속에서 얻어낸 아이디어를 표현하기 위한 나의 냅킨 스케치 한 장이 큰 부가가치를 창조한다는 스토리가 있어서 책 제목을 그렇게 정했다고 한다.

당시 환율이 달러당 1,200원이었으니 '1백만 달러짜리 냅킨 한 장'이라는 뜻이었는데, 12억짜리의 12억을 '12억 달러짜리 냅킨 한 장'으로 이해했던 통 큰 회장님도 있었다.

20년이 지나고 보니, 이제는 우리가 진짜 12억 달러짜리 냅킨을 그리는 시대에 살고 있다는 사실이 놀랍다. 샌드위치를 먹으며 런치 미팅 중에 메모한 냅킨 한 장으로 시작된 비즈니스 플랜으로 투자자의 펀딩을 받아서 유니콘(조 단위의) 기업으로 성장하는 스타트업들이 실리콘밸리에서 탄생하고 있기 때문이다.

『12억짜리 냅킨 한 장』을 시작으로
『이노베이터』『이매지너』『퍼플피플』
『퍼플피플 2.0』(『퍼플피플』의 개정판)까지
나의 생각을 풀어낸 책들이다.

창업은
미치도록 하고 싶은 사람들이
해야 한다

꿈을 가진 창업자가
위대한 기업을 만든다

얼마 전 한 스타트업 데모데이에 초대를 받아 간 자리에서, 갑작스럽게 창업에 대해서 짧고 간단하게 한마디만 해달라는 요청을 받았다. 사전에 예정된 것이 아니라서 즉흥적으로 강연에 나설 수밖에 없었다. 그때 내 머릿속에 떠오른 것은 스타트업들에게 꼭 전해주고 싶은 두 가지 메시지였다.

"대박을 목표로 창업하는 사람들보다 세상을 바꾸려는 꿈을 가진 창업자들이 위대한 기업을 만듭니다."

"성공하기 위한 길은 자신이 하고 싶은 일을 찾고, 그 결과를 나누려는 욕망에서 시작됩니다."

창업의 이유가 단순히 돈을 벌기 위해서가 아니라 사람들에게 더 좋은 세상을 만들어주었으면 하는 것이 내가 스타트업을 시작하는 사람들에게 전하고 싶은 진심이었다.

나 역시 하고 싶은 일을 하다 보니 돈을 벌게 되었지, 돈을 벌기 위해서 회사를 만든 것은 아니다. 창업을 꿈꾸는 우리나라의 많은 스타트업 지망생들에게 이런 마음이 전해졌으면 하는 바람이었다.

'Design'의 어원은 놀랍게도 'Making change'이다. 애플의 전설적인 마케터였던 가이 가와사키Guy Kawasaki는 "기업인들이 위대한 기업을 만들려면, 단순히 돈 버는 목표를 넘어 세상을 바꿔야 한다"고 말했다.

창업을 꿈꾸고 있다면 당신이 지금 고민하고 있는 비즈니스 모델이 세상을, 또는 사람들의 생활을 더 편리하고 아름답게 바꿀 가능성이 있는지 한번 생각해보기 바란다. 그리고 그 질문에 "Yes"라는 답이 나오면 뒤돌아볼 필요가 없다. 앞으로 곧장 걸어가면 된다. 그런 스타트업이라면 아마 세상을 놀라게 할 위대한 기업으로 성장하게 될 것이다.

글로벌 시장에 들어가려면
글로벌 룰에 따라야 한다

"우리나라 스타트업 업계의 문제는 무엇입니까?"

언젠가 인터뷰에서 이런 질문을 받고 약간 망설이다가 이렇게 조심스럽게 대답했던 기억이 있다.

"창업을 많이 이끌어내기 위해서 과도한 지원 정책을 쏟아내는 것이 오히려 역효과를 가져오지 않는지 한번 생각해봐야 하지 않을까요?"

스타트업의 경쟁은 글로벌을 대상으로 하는 거니 그 룰에 따라야 하지 않겠느냐는 이야기였다. 정부의 지원을 받아 만들어진 우리나라의 스타트업들이 전 세계의 내로라하는 스타트업들이 모여드는 '메이저리그' 같은 실리콘밸리에 가게 되면 과연 경쟁력을 가질 수 있을지 생각해봐야 한다. 글로벌 시장에 들어가려면 글로벌 룰에 맞게 모든 준비를 다시 해야 하기 때문이다.

안트러프러너십은 짧은 기간에 인위적으로 만들어지는 것이 아니다. 정부가 정책을 앞세워 단기간에 양성한다고 해서 되는 것이 아니라는 얘기다. 이런 방법을 통해서 안트러프러너들을 인위적으로 많이 만들어내겠다는 생각은 오히려 진검 승부를 하려는 진짜 창업자들의 기회를 빼앗는 일이 될 수도 있다.

세상의 모든 승부는 공평해야 한다. 승부의 씨앗은 어렸을 때부터 뿌려져 땅속에서 깊이 뿌리를 내리게 된다. 생각해보면 각 분야의 걸출한 인재들은 대부분 어린 나이에 자신의 뜻과 의지로 만들어지기 시작한다.

우리나라 사람들은 정해진 규칙에 따른 경쟁에서 인정받는 일에 열광한다. 우리나라 전체가 성공하려면 기업 경쟁을 포함한 모든 경쟁 체계를 세계적 룰에 따르게 하면 된다. 속이기, 베끼기, 봐주기 따위는 없는 진검 승부로 밀이다.

이렇게 다양한 분야에서 개인 재능이 뛰어난 민족이 이 세상에 또 있는지 모르겠다. 세계 경쟁 분야에서 평가받는 한국인들이 끊임없이 탄생하는 것은 기쁜 일이다. 특히 흥미로운 것은 세계적으로 평가 기준이 정해진 경쟁에서 한국인들은 더 적극적이 된다는 것이다.

빌보드 차트에 오른다든가, 월드컵 경쟁에 나가서 뛴다는 것은 우리나라를 넘어 세계인들로부터 인정받는 일이고, 따라서 세계적 대우를 받게 되기 때문이 아닐까 싶다. 국내의 평가 기준도 세계적인 수준으로 공정하다면 한국인들은 더 열정적으로 뛰어들 것이다.

기업에서 일하는 사람들이나 창업을 통해서 경제계에 뛰어든 사람들에게 공정하게 경쟁해서 노력한 만큼의 성과를 가져갈 수 있다는 확신을 심어준다면, 경제계에도 더 많은 BTS나 손흥민, 이강인이 탄생할 수 있을 것이다.

결론은 국내 경제계의 룰도 국제적인 룰과 마찬가지로 반드시 공정해야 한다는 것이다. 세계적인 결과를 만들려면 세계적인 룰에 따라야 한다.

스페인 프로축구에서 활약하고 있는 이강인 선수나 피겨스케이팅의 김연아 선수처럼 어린 시절부터 꿈꾸고 노력하는 안트러프러너들이 더 많이 등장했으면 하는 바람이다.

밥 먹으려고가 아니라
밥 먹이려고 창업하라

창업은 미치도록 하고 싶은 사람들이 해야 한다. 지독하게 하고 싶어야 한다. 요즘 어떤 사업이 유행이고 또 어떤 사업이 잘된다고 해서 뛰어든다면 성공할 가능성은 거의 없다.

창업의 목표가 생계유지의 차원이라면 매우 위험한 도전이 될 것이다. 창업은 밥 먹으려고 하는 게 아니라 남들에게 밥을 먹이기 위해 해야 한다. 그만한 목표 없이 만들어낸 창업은 성공하기 힘들다.

"정말 위험한 것은 목표가 너무 높아서 이루지 못하는 게 아니라, 목표가 너무 낮아서 쉽게 달성하는 것이다."

The greatest danger
for most of us is not
that our aim is too high and
we miss it,
but that it is too low and
we reach it.

_Michelangelo

세상에서 가장 창의적인 예술가들 중 한 사람으로만 알고 있는 미켈란젤로가 500년도 더 지난 옛날에 했던 명언이다. 우리 모두가 가장 경계해야 할 위험은 이런 것이다.

사람들을 기쁘게 만드는
엔터테이너가 되라

내가 혁신적인 결과물을 디자인했을 때 항상 누군가가 가까이 있었음을 기억한다. 나는 마주 앉은 사람으로부터 아이디어를 얻는 경우가 많다. 누군가를 소중히 생각할 때 그가 무엇을 필요로 하는지가 보인다. 그리고 그를 기쁘게 해주고 싶은 마음이 새로운 무언가를 찾게 만든다. 따라서 혁신하려면 사람들을 기쁘게 해주는 엔터테이너가 되어야 한다.

남들을 기쁘게 만드는 사람들을 우리는 엔터테이너라고 부른다. 세상에서 가장 대표적인 엔터테이너들은 누구일까?

명곡을 남긴 비틀스는 음악으로 우리를 기쁘게 해주고, 명화를 남긴 피카소는 그림으로 우리를 기쁘게 한다. 스티브 잡스는 새로운 상품과 기술로 우리를 기쁘게 만들어준다.

오늘은 남들을 기쁘게 해주는 사람들을 안트러프러너라고 불러보면 어떨까? 안트러프러너는 자신의 자산과 재능을 투자해서 남들을 기쁘고 편리하게 살 수 있게 만들어주는 사람들이다.

이 세상에서 가장 멋진 일은
시작 전부터 가슴 설레는 일,
하는 동안 정신없이 빠져드는 일,
그 결과가 남에게 기쁨을 주는 일이다.

_『퍼플피플』중에서

김영세
키즈와
이노제너레이션

디자인의 힘은
세대를 뛰어넘는다

"선생님, 제가 김영세 키즈입니다."

DXL-랩을 시작한 이후 젊은 창업자들을 자주 만나게 되면서 예상하지 못했던 흥미로운 이야기를 듣는 경우가 종종 있다. 젊은 창업자들 중 몇몇은 나를 직접 찾아와서 스스로를 '김영세 키즈' 라고 부르며 남다른 인연을 이야기하곤 한다.

"학창 시절 아이리버 MP3 플레이어로 음악을 들으면서 나중에 저도 창업을 해서 제품을 만들게 되면 꼭 이노디자인을 찾아가야 겠다고 생각했습니다. 지금도 그 MP3 플레이어를 갖고 있어요."

공교롭게도 DXL-랩을 찾아오는 스타트업 창업자들 중에는 학 143

창 시절 아이리버 MP3 플레이어를 듣고 자란 세대들이 많다. 소비자로서 이노디자인을 만난 그들이 성장해 디자인 파트너로 다시 이노디자인을 찾게 되는 것은 놀라운 경험이다. 나는 이들을 '이노제너레이션INNO-Generation'이라고 부르고 있다.

이미 20년이 다 되어가는 이야기지만, 아이리버의 디자인이 어린 학생들에게 창업의 동기부여가 되었다는 것이 무척 놀랍다. 디자인의 힘은 생각했던 것보다 훨씬 강하고 오래가는 듯하다. 제품은 이미 사라지고 없는데 그 디자인이 살아남아서 이렇게 또 다른 새로운 연결 고리를 만들어내고 있다고 생각하면 감동적이기까지 하다. 작은 디자인의 씨앗이 땅에 뿌려져서 열매를 맺은 것 같은 느낌이었다.

이렇게 젊은 창업자들을 만날 때면 새삼 기업가의 탄생에 대해서도 많은 생각을 하게 된다. 곰곰이 생각해보면 기업가의 탄생이란 곧 디자인의 탄생을 의미하기 때문이다.

나 자신이 꿈을 꾸는 사람이지만 나를 보고 나처럼 꿈을 꾸는 사람이 생겨난 게 기쁘다. 이들은 모두 디자인 중심의 창업자들이다. 디자인 하나로 창업을 하고, 새로운 디자인 하나가 곧 기업이 되는 것, 그것이 바로 빅디자인의 기본 철학이다.

MP3 플레이어 디자인 하나가 '아이리버'라는 브랜드와 레인콤이라는 회사를 성장시켰듯이, 하나의 디자인이 만들어지면 그로 인해 하나의 기업이 생길 수 있다. 회사가 있기 때문에 디자이너가 제품을 디자인할 수 있다고 생각하는 것은 "형태는 기능을 따른다"는 사고가 지배했던 100년 전의 낡은 생각이다.

아이리버는 미완의 실험이었다. 김영세 키즈 혹은 이노제너레이션들에 의해서 앞으로 더 많은 디자인과 함께 새로운 기업으로 성장해나가는 모습을 보고 싶다.

빅디자인의 시작
아이리버 '프리즘'

"대기업처럼 많은 돈을 줄 수는 없지만 이노가 디자인해주면 정말 잘 팔 자신이 있습니다."

2002년 어느 날, 한국의 스타트업 기업 레인콤의 양덕준 사장이 실리콘밸리에 있는 이노디자인 사무실로 찾아왔다. 양 사장은 삼성전자 임원 출신으로, 아이리버라는 MP3 플레이어로 세계 시장에 진출하고 싶다는 꿈을 갖고 있었다.

삼성전자에 근무하던 시절부터 이노가 디자인한 제품들을 눈여겨보면서 월드클래스 디자인으로 인정하고 있지만, 스타트업이기 때문에 삼성 같은 대기업처럼 큰돈을 지불할 여력이 없다고 했다.

그러면서 그는 새로운 제안을 하나 했다. 일시에 지불하는 디자인 비용 대신 제품 판매 금액의 일부를 로열티 형태로 제공하겠다는 것이었다. 그러면서 "투자하는 기분으로 디자인해달라"고 부탁했다. 그가 제시한 조건은 당시 디자인 컨설팅 업계의 관례에 비춰볼 때 매우 이례적인 것이었다. 하지만 나는 조금의 망설임도 없이 바로 대답했다.

"Let's do it! 한번 해봅시다."

아이리버 신화는 이렇게 시작되었다. 양 사장의 부탁을 받고 처음 디자인했던 MP3 플레이어 모델이 바로 '프리즘'이라는 애칭으로 불렸던 아이리버의 IFP 시리즈이다.

내부에 들어갈 부품을 받아서 이리저리 놓아보고 스크린 LCD 부품과 PCB, 그리고 원통형 배터리를 차곡차곡 쌓아보니 프리즘 형태가 만들어졌다. 나는 기존의 사각형 박스로부터 남는 공간을 과감하게 생략한 프리즘 형태의 삼각형 바 모양으로 제품을 디자인해서 보여주었다. 양 사장은 디자인 목업Design mock-up 상태의 제품 모형을 들고 미국 최대 전자제품 유통업체인 베스트바이를 찾아갔다.

"음……, 이거 30만 개 납품 가능할까요?"

전 세계의 거의 모든 MP3 플레이어를 만져봤을 이 분야 전문가인 베스트바이의 바이어는 프리즘 모델이 가능성이 있음을 한눈에 알아본 것이었다.

"그런데 조건이 하나 있습니다. 3개월 안에 납품해주십시오."

양 사장은 디자인 목업을 들고 한국으로 돌아가 엔지니어들을 독촉하면서 제품 개발에 매달렸다. 디자인 목업 정도가 나온 상태였는데, 3개월 내에 30만 개를 생산해야 하는 일정이라 회사 전체에 비상이 걸렸다.

게다가 만들기 쉬운 펑퍼짐한 사각형도 아니고 내부 여유 공간이 없는 프리즘 형태라 엔지니어들이 부품을 만들어 넣는 데 꽤 애를 먹었다는 후문이다.

들어갈 부품의 사이즈와 배치를 모두 고려해서 디자인했음에도 불구하고, 전혀 새로운 형태이다 보니 엔지니어들이 그것을 풀어내는 일이 만만치 않았던 것이다.

당시 밤을 새우며 개발에 심혈을 기울이던 담당 팀장이 몇 번이나 경영진을 찾아가 제품 사이즈를 단 1밀리미터라도 늘려줄 수 없느냐고 요청을 했다고 한다. 그때마다 경영진의 대답은 한결같았다. "구겨 넣어!"

내부적으로는 죽었다 깨어나도 날짜를 맞추지 못하겠다는 불평이 많았지만, 막상 출시되고 나서는 없어서 못 팔 정도로 대박이 났다. 초도 주문 물량이었던 30만 개를 후딱 팔아버린 데 이어 100만 개가 넘는 밀리언셀러를 기록했다.

아이리버의 성공 스토리는 이노디자인이 상업적으로 성과를 거둔 빅디자인의 첫 성공 사례라고 말할 수 있다. 디자인이 먼저였고, 거기에 맞게 제품의 기능을 넣으려고 노력했기 때문에 뛰어난 소비자들의 눈높이에 맞는 제품을 만들 수 있었던 것이다.

요즘은 MP3 플레이어로 음악을 들을 일이 없지만, 당시 아이리버 브랜드의 MP3 플레이어를 아직까지 소장하고 있는 사람들이 지금도 주변에 꽤 있는 것으로 알고 있다. 그게 바로 디자인의 힘이다.

이노디자인과의 만남을 통해
전 세계적으로 돌풍을 일으켰던
아이리버 MP3 플레이어
'프리즘' 모델.

만약 원하는 부품과 기능을 우선적으로 고려하고 디자인은 그 부품들을 감싸는 포장 개념으로 접근했다면, 아마 그 제품과 같은 트렌디하면서도 감성적인 디자인을 뽑아내기는 어려웠을 것이다.

작은 성공에
안주하지 말라

이노디자인과 아이리버, 두 회사의 만남은 모두에게 윈윈이 되었다. 당시 아이리버 제품에 'Design by INNO' 로고를 새기고, 제품 상자에 내 사진과 사인을 인쇄해서 넣었는데, 아이리버 제품이

전 세계적으로 연간 수백만 개가 팔려나가며 대박을 터트린 덕분에 세계 어디를 가도 내 사진이 인쇄된 박스들을 볼 수 있었다.

그 덕분에 레인콤도 급성장했다. 3년 동안 총 15개의 모델을 디자인했는데, 그 가운데 6개 모델이 100만 개가 넘게 판매되는 기록을 세웠다. 레인콤은 이노디자인을 찾아오기 전까지만 해도 연 매출 50~60억 원 규모의 작은 회사였지만 아이리버의 성공을 바탕으로 연 매출 5,000억 원 규모의 중견기업으로 성장했다. 아이리버의 성공 덕분에 이노디자인이 받기로 한 로열티 금액도 크게 늘어났다.

하지만 아쉽게도 아이리버와의 밀월 관계는 오래 지속되지 못했다. 처음 계약했던 3년이 지난 후 재계약이 이루어지지 않으면서 자연스럽게 관계가 끊어졌다.

아이리버 측은 디자이너를 고용해서 자체적으로 디자인한 MP3 플레이어를 만드는 것으로 노선을 바꾸었다. 같은 배를 탄 것이라고 생각했는데, 그게 아니었던 모양이다.

내가 생각했던 빅디자인도 주춤할 수밖에 없었다. 디자인의 개념과 역할을 바꾸는 일이 그렇게 하루아침에 뚝딱하고 이루어지기 힘들다는 것도 새삼 느낄 수 있었다.

결국 레인콤은 디자인으로 주목받으면서 성공한 회사인데 가장 중요한 경쟁력 중 하나인 디자인을 스스로 버리겠다고 선언한 셈이어서 많은 사람들을 놀라게 했다.

나도 놀랐지만 이 스토리를 아는 많은 사람들이 나보다 더 놀라워했다. 그래서 내가 여러 조건 때문에 먼저 계약 해지를 요청한 것이 아니냐는 오해도 받았다.

아이리버와의 결별 이야기는 평소에도 아끼고 싶은 이야기라서 자주 꺼내지 않지만, 혹시라도 오해가 있을까 봐 이 자리에서 간단히 언급하고 넘어가려고 한다.

분명한 것은 왜 그런 결정이 내려졌는지 나는 지금도 그 사실을 잘 알지 못한다. 디자인 작업 중에 디자인 방향에 대해서 이견이 있었던 것도 아니다.

아마도 이 정도면 기본은 되어 있으니 이제는 내부에서 직접 디자인을 해도 되지 않겠느냐는 생각을 하지 않았을까 추측해볼 뿐이다.

내가 원한 바는 아니었지만 결국 아이리버와 다른 길을 가게 되었고, 그 결과는 모두의 기대와 달리 아쉬운 결말을 낳게 되었다.

요즘도 가끔 아이리버와 좀 더 오래 함께했으면 어떻게 되었을까 생각하게 된다. 조금 더 절실한 마음으로 밀고 나갔으면 더 좋은 결과가 있지 않았을까?

그럴 때면 가끔 스티브 잡스의 혜안이 생각나고, 그가 말했던 강력했던 한 문장이 떠오른다.

"Stay hungry, Stay foolish."

작은 성공에 안주하지 않고 끝까지 절실함을 유지하는 것이 얼마나 중요한 일인지 잡스를 보면 깨닫게 된다.

디자인으로
세계 1위에
서다

짧은 팩스 한 장으로 이룬
세계 1위의 꿈

"당신처럼 창의적인 디자이너가 함께 일해준다면, 나는 7년 안에 노키아를 잡고 삼성 휴대전화를 세계 1위로 만들겠다는 나의 꿈을 이룰 것입니다."

지금으로부터 15년 전 어느 날이었다. 실리콘밸리 이노디자인 사무실로 팩스가 한 장 날아왔다. 보낸 사람은 삼성전자의 이기태 사장이었다.

비록 짧은 팩스 한 장이었지만 그 속에서 그의 강한 의지를 읽을 수 있었다. 나는 곧바로 한국으로 와서 삼성전자와 디자인 계약을 체결했다. 휴대전화 분야에서는 삼성과 독점 계약으로 디자

151

인하고, 매달 한국에서 미팅하는 조건의 장기 계약이었다.

계약서에 서명한 나는 7년간 그를 만나러 매달 샌프란시스코와 서울을 비행기로 왕복하게 되었다.

이노디자인의 실리콘밸리 사옥으로 방문해주었던 몇 번과 미국에서 열린 CES 기간 중 라스베이거스에서의 몇 차례 만남 외에는 주로 내가 한국을 방문했다.

그는 매달 나와 디자인 회의를 가지면서 내가 디자인해 블랙박스에 담아서 공개하는 혁신적 디자인을 보는 일이 CEO인 자신의 가장 중요한 업무라고 말한 적이 있다.

매번 블랙박스 속의 새로운 디자인을 공개할 때마다 반짝이던 그의 눈이 지금도 기억이 나고, 디자인 회의 때 둘러앉은 임원들에게 개발에서 생산까지 일사천리로 지시하던 그의 단호한 모습이 아직도 생생하다.

그는 전쟁터에 나간 사령관처럼 디자인 채택부터 생산 지시까지 한두 시간 안에 처리하는 경영인이었다. 덕분에 내가 매달 준비한 5개 이상의 디자인 제안 중 많은 모델들이 상품화되어 세계 시장에 속속 소개되었다. 7년이라는 계약 기간 동안 수백만 대 이상 판매된 디자인 모델이 수십 가지나 될 정도로 믿을 수 없는 성과를 이루었다.

그러나 이런 나의 성과보다 중요한 것은, 그가 노키아를 잡겠다던 자신의 꿈을 7년이라는 예상 기간보다 훨씬 빨리 이루어냈고, 스마트폰에서 삼성을 세계 1위 기업으로 만든 일등공신이 되었다는 사실이다.

　그의 엄청난 노력과, 사람들은 잘 모르겠지만 뒤에서 열심히 신제품 아이디어들을 블랙박스에 담아서 매달 제공했던 나를 비롯한 이노디자인의 노력이 없었다면 지금의 삼성이 없었을지도 모른다.

가로본능, 삼성의 운명을 바꾸다

나이가 좀 든 분들은 '가로본능'이라는 모델명이 붙었던 삼성 휴대전화를 기억할 것이다. 그 제품 개발의 프로젝트는 내가 '블랙박스 디자이너'라는 별명을 얻었던 계기가 되기도 했다.

　당시 나는 세계 최초로 휴대전화 화면이 세로에서 가로로 회전하는 휴대전화를 스케치하고, 모형 형태의 목업을 제작해서 조그만 블랙박스에 담아 이기태 사장을 방문했다.

　블랙박스를 열어보던 그가 무릎을 치면서 소리를 질렀다.

　"우리는 왜 이 생각을 못 했지?"

　내 스케치 한 장에서 시작된 이 제품은 6개월 만에 상품화되어 시장에 소개되었고, 삼성의 효자 상품으로 인정받았다. 제품을 디자인한 내 능력을 인정해주고, 블랙박스 안에 담겨 있는 작은 디자인 목업 하나로 가능성을 본 이기태 사장의 능력이 대단하다고

세계 최초로 휴대전화 화면이
세로에서 가로로 회전하는 기능을 선보였던
삼성 애니콜. 일명 '가로본능'이라는
애칭으로 큰 인기를 끌었던 제품이다.

하지 않을 수 없다.

과거에 없던 디자인을 과감하게 상품으로 만들어 세상에 내놓을 수 있는 안목과 혜안을 가진 경영자들이 흔하지 않기 때문이다. 그는 한국의 한 기업이 세계 최고가 되는 역사를 만든 주인공이기도 하다.

디자인 하나가
세계로 가는 지름길을 열다

우리 집 발발이(오메가)가 부지런히 온 집안 구석을 돌아다니며 청소에 열중이다. 발발이가 없었다면 일반 청소기로 집안 구석구석을 청소하는 일이 만만치 않았을 것이다.

우리 집의 귀염둥이인 발발이가 태어난 지도 3~4년이 되었다. 어느 날 한국의 대표적인 로봇 청소기 회사, 유진로봇의 신경철 대표가 이노디자인을 찾아왔다. 누구나 알고 있는 국내 대기업 가전 회사 두 곳을 제외하면 가장 활발하게 마케팅 활동을 전개하는 회사였지만, 중소기업이라는 한계 때문에 세계 시장을 대상으로 대기업과 경쟁한다는 것은 사실상 매우 어려운 일이었다. 그런 어려움을 토로하면서 신 대표가 이노디자인에 디자인을 의뢰했다.

첫 미팅 자리에서 신 대표는 그 당시 전 세계에서 판매되고 있던 로봇 청소기들을 모두 모아놓고 보여주면서 브리핑을 했다. 브리핑을 다 듣고 나서 나는 농담 삼아 한마디를 던졌다.

"웬 냄비들을 이렇게 많이 모아놓으셨어요?"

그 말 한마디에 살짝 긴장이 어려 있던 회의실 안이 웃음으로 빵 터지는 분위기로 바뀌었던 기억이 새롭다. 다른 회사에서 만든 로봇 청소기 샘플들을 보면서 가장 놀랐던 것은 회사나 브랜드와 상관없이 모두 천편일률적으로 비슷비슷한 모양의 상품을 만들어내고 있다는 점이었다.

155

로봇청소기 브랜드 '오메가'.
중소기업 제품임에도 불구하고 뛰어난 디자인으로
주목받으며 글로벌 가전 기업으로부터
큰 투자를 받기도 했다.

나는 지금까지의 로봇 청소기와는 전혀 다른, 완전히 새로운 스타일의 로봇 청소기를 스케치하기 시작했다.

내가 그렸던 그림은 '원형이 아닌 로봇 청소기'였고, 지금의 오메가 스타일을 만들어낸 삼각형과 원형의 합성 형태tricircular shape였는데, 미국 등 세계 시장에 출시된 후 유명한 모델로 자리 잡았다.

차별화의 핵심적 아이디어로 시작된 삼각 원형의 제품 개발은 생산 기업의 개발팀과 이노디자인의 디자인팀의 열정적 협업과 시련 끝에 탄생했고, 지금은 세계 시장의 사용자들로부터 큰 사랑을 받고 있다.

특히 오메가를 생산하는 한국의 중소기업은 세계 시장에 널리 알려져 독일의 세계적 가전 기업으로부터 큰 투자를 받는 쾌거를 올리기도 했고, 세계적 기업으로 자리매김하게 되었기에 나에게 는 보람 있는 프로젝트로 남아 있다. 디자인 하나가 세계로 가는 지름길을 열어준 셈이다. 중소기업이 걸을 수 있는 세계화의 지름 길은 '빅디자인'이다.

나누면
나눌수록
커진다

디지털 세대의
새로운 사고방식 공유주의

요즘 가장 파워풀한 두 개의 키워드를 꼽자면 '디지털 트랜스포
메이션'과 '공유경제Sharing Economy'를 들 수 있다. 이 두 단어는 경
제 분야의 리더들에 의해서 회자되기 시작해 이제는 일반인들의
일상생활 속 깊숙이 자리 잡고 있다.

　이 두 단어를 알고 모르는 것은 중요하지 않다. 아직 학교도 들
어가지 않은 서너 살 된 어린아이부터 초등학생에 이르기까지 이
미 디지털 트랜스포메이션과 공유경제에 매우 익숙한 생활을 하
고 있기 때문이다.

　심지어 미국에서는 공유경제의 기반이 되는 공유주의Sharizm 의

근원을 초등학교에서 찾는 이들도 있다. 초등학교에서 다른 아이들에게 많은 정보를 주는 아이가 이른바 '짱'이 된다는 주장이다.

초등학교 학생들이 친구들에게 SNS^{Social Network Service}를 통해서 정보를 많이 나눌수록 더 많은 정보를 얻게 되면서 경쟁에 불이 붙게 된다고 한다. 많이 나누면 나눌수록 다른 아이들의 관심을 차지하고 정보도 가장 빨리 얻을 수 있기 때문에 아이들 무리의 중심에 설 수 있다는 것이다. 충분히 일리 있는 주장이다.

실리콘밸리의 최고 스타 기업 중 하나인 페이스북도 알고 보면 저커버그가 하버드 대학 시절 캠퍼스 내에서 시도했던 SNS 플랫폼으로 시작되었다.

공유경제의 기본 정신은 "나눌수록 더 많이 얻는다"는 것이다. 전 세계에서 15억 명에 달하는 사용자를 확보한 페이스북은 나눌수록 다시 페이스북으로 돌아올 수 있도록 결과물들을 끊임없이 확장시키고 있다.

소셜 네트워크 서비스 산업을 통해서 현재 널리 확산되고 있는 공유경제의 개념은 앞으로 세상 사람들의 생활 방식 속으로 깊이 자리 잡을 것이다.

공공 자전거 피프틴,
공유경제 시대를 열다

2007년도 말 업무차 프랑스 파리를 방문했다. 제법 쌀쌀한 늦은 가을 날씨였는데, 수많은 파리지앵들이 자전거를 타고 파리의 중심지 곳곳을 신나게 달리는 모습이 아주 즐겁고 자유로워 보였다. 바로 세계 최초의 공공 자전거 시스템인 파리의 '벨리브Velib'를 즐기고 있는 것이었다.

막연하게나마 시민들이 함께 사용할 수 있는 공공 자전거에 대해서 생각하고 있었는데, 파리에서 그 역사적인 현장을 목격하고 나니 한국으로 돌아가서 직접 그런 프로젝트를 해봐야겠다는 생각이 간절해졌다.

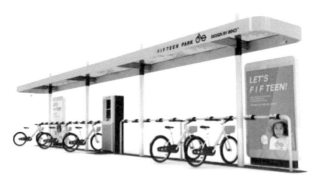

고양시에 설치된 공유 자전거 피프틴.
우리나라 최초의 공유 자전거 모델로 평균 속도
15킬로미터를 뜻하는 이름이다.

나는 꽉 막힌 도로와 파란 하늘을 점점 더 보기 어렵게 되어버린 서울을 떠올렸다. 물론 요즘은 서울에서도 환경을 위한 여러 가지 사업을 추구하고 있지만, 유럽의 다른 도시들과 비교해서는 아직 부족한 느낌이었다.

나는 잿빛 도시에 자연 친화적인 포인트가 될 수 있게 녹색을 주요 테마로 따뜻하면서도 편안한 디자인이 되었으면 하는 마음으로 떠오르는 생각들을 스케치해두었다.

파리에서 돌아오고 나서 3개월 후, 한화S&C에서 한국형 공공 자전거를 디자인해볼 생각이 없느냐며 연락이 왔다. 나는 정말 깜짝 놀라지 않을 수 없었다. 그저 머릿속으로 한번 상상해봤던 일이 현실로 이루어지게 된 것이다.

2008년 경기도 고양시가 우리나라에서는 처음으로 공공 자전거 시스템을 도입하기로 하고 이노디자인에 디자인 의뢰를 해왔다.

이노는 자전거는 물론 자전거 스테이션과 대여 키오스크, 판촉물은 물론 브랜드 네이밍 작업까지 모든 것을 맡아서 진행했다.

고양시 공유 자전거 브랜드인 '피프틴fifteen'은 자전거의 평균 속도인 시속 15킬로미터를 뜻하는 것으로, 자전거를 많이 이용하는 나이인 15세의 열정을 의미하기도 한다. 브랜드 발표식에서 고양시장은 "고양 시민들 중 15퍼센트는 이 자전거를 이용해 달라"며 피프틴의 의미를 다시 한번 강조했다.

전 세계적으로 '공유경제'라는 용어가 등장하며 에어비앤비, 161

우버 등이 막 생겨나기 시작할 때이니, 피프틴이 얼마나 빠르고 앞선 시도였는지 알 수 있다. 이에 비해 서울시의 공공 자전거인 '따릉이'가 등장한 것은 그로부터 7년이 지난 2015년이었다.

상품의 가치를 찾는
스마트한 소비자의 시대가 오다

디지털 트랜스포메이션은 이런 나눔의 행동을 더욱 빠르고, 더욱 큰 규모로 확산시킬 수 있게 함으로써 전체 경제 시스템에도 큰 변화를 일으키고 있다.

새롭게 부상하고 있는 공유경제 모델 역시 디지털의 힘을 통해 창의적인 아이디어가 많은 사람들에게 빠른 속도로 전해질 수 있게 되고, 일상생활 속에서 편리한 솔루션들을 공유하는 세대가 확장되면서 새로운 경제 모델의 주축을 이루게 되었다.

'셰어리즘', 즉 공유란 많이 나누면 나눌수록 많이 얻을 수 있다는 디지털 세대의 사고방식이다. 주차장에서 쉬고 있는 차들을 공유하다 보면 보다 많은 사람들이 혜택을 얻는다. 지식과 지혜, 사랑, 기쁨, 슬픔 등 무형의 나눔의 의미는 자동차나 자전거 같은 물건을 나누는 것보다 더욱 위대하다.

공유경제라는 것이 하나의 트렌드가 되면서 전통적인 경제 방식과는 다른 전개로 인해 혼란을 느끼는 사람들도 있다. 간단하게 한마디로 정리하자면, '가치 있는 일을 함께하자'는 것이다.

나눔은 디자이너들의 마음속에 오랫동안 자리 잡고 있던 정신이다. 자신의 아이디어와 재능으로 생활 속의 새로운 방식을 만들어서 남들과 기쁨을 나누는 일이 디자이너들의 꿈이기 때문이다. 그것은 곧 안트러프러너의 꿈이기도 하다.

세상 사람들의 생활을 편리하게 만들어주기 위한 일을 하는 모든 사람들은 자신의 열정과 재능, 재산을 많은 사람들과 나눈다. 그들의 노력이 많은 사람들에게 편리함과 행복함을 제공하기 때문이다.

빅디자인은 처음부터 끝까지 협업이라는 과정을 통해 만들어진다. 기업 간 거래에서 얻는 것은 그 과정에서 발생하는 스파크, 에너지, 아이디어, 사랑과 나눔 등 무한한 가치의 창조다. 그냥 돈이 아니다. 남에게 조금 주고 많이 받아내는 것만을 비즈니스라고 생각하는 장사꾼과의 미팅이 씁쓸함을 남기는 이유다.

기업가든 예술가든 모두 열정으로 움직이는 사람들이다. 자신이 하는 일에 평생을 바치는 사람들이다. 기업가를 부정적인 시각으로 바라보게 된 것은 소비자들의 돈을 빼앗아가듯 못되게 장사했던 장사꾼들 때문이다. 이제는 그런 장사꾼들이 설 땅이 사라져가는 시대다. 상품의 가치를 돈 이외의 것에서 찾는 스마트한 소비자의 시대가 왔기 때문이다. 디자이너는 그러한 소비자의 마음을 파고들 수 있는 최정예 요원인 셈이다.

Chapter 3

B GD

SIGN

세상의
라이프 스타일을
디자인하라

디지털 시대를 열어갈
새로운
인재들

산업 시대와
과감히 작별하라

'자동차의 왕'이라고 불리는 헨리 포드Henry Ford는 약 100년 전, 연간 자동차 생산량 100만 대라는 신화를 쓰면서 대량생산의 시대를 활짝 열었다. 하지만 100년이 지난 지금 상황은 어떻게 달라졌을까? 우선 포드라는 회사의 현황은 둘째치고, 내연기관으로 움직이는 '자동차'라는 존재 자체가 사라질지도 모르는 불투명한 상황에 놓여 있다.

100년 기업인 포드 자동차의 시가총액이 출범한 지 10여 년밖에 안 된 실리콘밸리의 전기 자동차 업체인 테슬라에 추월당한 것이 현실이다.

디지털 기술의 발전과 함께 과거 산업 시대의 승자들이 하나둘씩 그 자리를 빼앗기고 있다. 따라서 변화에 빨리 적응하는 기업은 살아남을 것이고, 그렇지 못한 기업은 사라질 것이다.

우리나라는 산업 시대의 우등생으로 손꼽힌다. 한국전쟁의 잿더미 속에서 한강의 기적을 일구어냈다. 그 밑바닥에는 이병철, 정주영, 구인회 등 맨손으로 시작해서 한국 경제의 근간을 만들어낸 경제 영웅들이 자리하고 있다. 그들의 노력이 없었다면 오늘날의 한국 경제가 있을 수 없다는 사실에 이의를 제기하는 사람은 아마 아무도 없을 것이다.

하지만 디지털 혁신을 통한 급격한 변화는 과거 산업 시대를 거쳐온 한국 경제의 성공 모델이 더 이상 유지될 수 없음을 예고하고 있다. 또한 지금의 경제력을 이루어낸 산업 시대 세대의 체험과 지식, 그리고 더욱 심각하게는 그들의 경제 개념이 디지털로 급변하는 미래 시장에 맞을지도 의문이다.

지금 한국 기업을 움직이는 경영자들 중에는 여전히 과거 산업 시대의 사람들이 상당수 남아 있다. 이들에게 디지털이라는 문화는 낯설 수밖에 없다. 과연 산업 시대의 경영자들이 실리콘밸리를 움직이는 젊은 세대들과 디지털이라는 언어로 쉽게 대화를 나눌 수 있을까? 참고로 구글의 래리 페이지Larry Page, 페이스북의 저커버그, 테슬라의 일론 머스크Elon Musk 등 실리콘밸리를 이끌어가는 주역 3인방의 나이를 모두 합쳐도 100세를 크게 넘지 않는다.

디지털 시대에 요구되는
인재의 조건

지난 산업 시대를 성공적으로 개척해온 우수한 인력들이 급격하게 변화하는 디지털 시대에도 충분히 새로운 역할을 해낼 수 있을지 묻지 않을 수 없다. 거대한 변화의 시대, 기업의 일하는 방식은 물론 필요로 하는 인재의 조건도 달라질 수밖에 없다.

우리나라의 미래는 젊은 인재들이 만들어나갈 것이다. 디지털 트랜스포메이션의 시대에 디지털 세대가 주역이 된다는 당연한 이치를 깨닫지 못한다면 우리나라에 미래는 없다.

디지털에 익숙한 젊은 인재들이 부족한 기업들은 고민스러울 수밖에 없다. 기업의 중책을 맡고 있는 임원진 대부분이 디지털 방식 업무에 익숙지 않다면 부하 직원들의 도움에 의존할 수밖에 없다. 이 과정에서 시간 낭비는 둘째치고 사업상의 결정을 제대로 내릴 수 있을지 의문이다.

디지털 시대를 살아가기 위해서 우리는 두 가지 숙제를 당장 해결해야 한다. 첫째, 디지털 개념을 도입하기 위해서 기업 원로들은 젊은 인재를 발탁하고, 중요한 일들을 양보하고 넘겨주어야 한다.

둘째, 젊은 세대들이 미래를 짊어질 책임을 느끼고 윗세대들을 설득해야 한다. 지금 우리나라는 세대 간의 대화와 소통이 어느 때보다 절실하다.

지난 30년간 실리콘밸리에서 디자인 컨설팅 회사를 운영하면서 나는 그곳의 기업인들과 일꾼들이 변화하는 모습을 지켜보았다.

실리콘밸리의 대부격인 스티브 잡스와 저커버그, 래리 페이지, 일론 머스크, 제프 베조스Jeff Bezos 등 실리콘밸리의 역사를 만들어가는 영웅들은 산업 시대의 안트러프러너들을 뛰어넘는 신세대 기업인의 면모를 보여준다.

그들은 과거처럼 생산직과 사무직 근로자들을 채용해서 당근과 채찍으로 노동력을 착취해 생산성을 높이는 단순 경쟁 논리를 뛰어넘는 마인드를 가지고 있다. 함께 꿈을 이루어갈 사람들을 자석처럼 끌어들이는 능력을 갖고 있기 때문에 수많은 파트너들이 그들의 주위를 둘러싸게 되는 것이다.

좋아하는 일을 하면
창의력이 솟아난다

창의력은 디지털 트랜스포메이션 시대에 인간 생활의 새로운 니즈를 찾아내는 유일한 방법이다. 생활이 요구하는 새로운 방식을 찾아내는 일은 이미 잘 알려진 어떤 문제를 해결하는 답을 찾는 일보다 훨씬 더 어렵고, 더 많은 가치를 생산한다.

새로운 시대가 필요로 하는 인재는 스스로 하고 싶은 일을 찾거나 만들어내는 사람들이다. 이미 정해진 일, 주어진 일을 잘하기보다 사람들에게 필요한 일 또는 필요로 하는 것을 찾는다. 즉 그들은 미래를 만들기 위한 일을 찾아낸다. 전통적 일꾼인 화이트칼라, 블루칼라와는 완전히 다른 새로운 일꾼들이다. 그래서 나는 '일꾼'의 정의를 새롭게 내리게 되었다.

빅디자인은 디자이너의 일만을 말하는 것이 아니다. 디자이너는 기업가처럼 생각해야 하고 기업가는 디자이너처럼 생각해야 한다. 디자이너는 창업가가 되고, 창업가는 디자인 마인드로 똘똘 뭉쳐 있어야 한다.

그러려면 모든 분야에서 창의력을 갖춘 인재들이 필요하다. 디자이너뿐만 아니라 모든 업무 담당자들이 창의력을 가지고 일해야 한다. 창의력을 가지려면 좋아하는 일을 재미있게 하는 수밖에 없다.

하기 싫은 일을 억지로 떠밀려서 하는 방식으로는 창의적인 업무를 수행하기 어렵다. 빅디자인 시대의 인력은 산업 시대의 인력과 전혀 다른 새로운 사람들이 될 것이다.

새로운 '일꾼' 퍼플피플의 등장

미래형 인재
퍼플피플

기업의 주요 인력을 생산직 근로자인 블루칼라와 사무직 근로자인 화이트칼라로 양분하는 것은 산업 시대에 만들어진 전형적인 구분 방법이다. 디지털 트랜스포메이션을 통해 세상이 급격하게 바뀌면서 화이트칼라와 블루칼라라는 두 가지 형태의 근로자만으로는 산업 현장에서 새로운 가치를 창출하기 어렵게 되었다.

특히 실리콘밸리에서 알게 된 새롭게 성공한 사람들은 대부분 블루칼라도 화이트칼라도 아닌 독특한 인재들이었다. 이들을 뭐라고 부르면 좋을지 고민하다가 문득 떠오른 색이 바로 '퍼플'이었다.

퍼플 컬러가 주는 이미지 가운데 '독특한' 이미지가 있어서 선택했는데, 다행스럽게도 많은 사람들이 공감을 해준다.

나는 산업 시대의 유산이라고 할 수 있는 화이트칼라와 블루칼라의 시대가 막을 내리면서 새롭게 떠오르는 제3의 일꾼들에게 퍼플칼라Purple collar라는 이름을 붙이고 이들을 통칭해서 '퍼플피플Purple People'이라고 부르고 있다.

이런 내용을 담은 『퍼플피플』이라는 책을 4년 전 출간한 바 있다. 퍼플피플은 산업 시대의 주역인 화이트칼라나 블루칼라와는 일하는 태도를 비롯해 모든 것이 완전히 다른 미래형 근로자들로서, 새로운 세상을 만들어가려는 꿈을 가진 창의적 근로자를 의미한다.

우연인지 필연인지 모르겠지만 내가 퍼플피플이라는 새로운 인재의 형태를 발표하고 나서 몇 년이 지난 2018년, 색채 전문 회사인 팬톤Pantone이 올해의 컬러로 '퍼플'을 선정하는 것을 보고 깜짝 놀랐다.

"퍼플은 생각이 깊은 컬러다. 우리의 미래를 의미 있게 만들기 위해 사용하는 오리지널, 진지함, 상상, 창의, 혁신의 뜻이 담겨 있다"라며 올해의 컬러를 '퍼플'로 정하게 된 이유에 대해서도 부연 설명을 했다. 놀랍게도 이것은 내가 『퍼플피플』이라는 책에서 미래를 열어갈 인재들의 덕목으로 꼽은 상상력, 창의력, 비저너리 씽킹, 깊은 사고, 마술 같은 성공 캐릭터 등 핵심 단어들과 많은 부분에서 일치한다.

Pantone's Color Of The Year Is Here, And It's As Nebulous As 2018 Looks

Terrifying or exciting? Ultra violet could be either.

This is the kind of color attached, historically, to originality, ingenuity, and visionary thinking. These are the elements we need to create a meaningful future. Inventiveness and imagination is something we seek in our personal lives and business worlds. People are looking for that 'magic bullet,' and this shade is the perfect shade to lead right into it …
It's intriguing, fascinating, and magical.

투명하지 않지만 신비로움으로 커다란 변화가 만들어질 것 같은 미래를 상징하는 퍼플 컬러는 가치 있는 변화를 창조하는 세대의 뛰는 가슴을 상징한다.

어떤 일을 하느냐보다
어떻게 일하느냐가 중요하다

디지털 트랜스포메이션 시대에 퍼플칼라 인재의 등장은 필연이다. 디지털 기술로 세상이 바뀌고 산업 시대에는 생각하지 못했던 새로운 인재의 니즈가 생기면서 이제는 과거와 같은 일을 더 잘한다고 해도 성공이 보장되지 않기 때문이다.

창의적 인재는 어느 시대에나 존재했지만 그들은 조직 내에 극소수에 불과했다. 이제 그들이 산업의 주역으로 기업의 변화를 주도하고 있기 때문에 일반적으로 화이트칼라로 구분되어온 사무직 근로자들과는 구분되어야 한다.

퍼플피플로 구분되는 퍼플칼라 근로자들이 기존 블루칼라나 화이트칼라 근로자와 다른 점은 '어떤 일을 하느냐'가 아니라 '어떤 이유로 일하느냐'에 있다.

퍼플피플은 자신이 가야 할 길을 직감적으로 알고 있으며 자신이 하고 싶은 일을 위해서 도전하는 사람들, 그리고 남들에게 기쁨을 주는 일로 행복을 느끼는 사람들이다.

또한 자유를 추구하는 창의적 근로자의 출현으로 프리랜서의 숫자가 증가하리라는 것도 예상할 수 있다. 반복적인 단순 노동보다 창의적인 직업이 대거 탄생해서 디지털 기술을 기반으로 변해가는 생산 시스템을 컨트롤하며, 새로운 생활 방식을 위한 새로운 솔루션을 창조하는 인재들의 수요가 급격히 늘어나고 있기 때문이다.

앞으로는 지금의 리더들인 화이트칼라들보다 창의적 인재 그룹인 퍼플칼라 그룹이 세상을 바꾸어나갈 것이다. 창의적 인재들 중에는 자율적으로 일할 수 있는 프리랜서가 되기를 원하는 사람들의 숫자가 늘어나는 추세다. 이런 이유로 선진국에서 프리랜서의 숫자가 증가하고 있고, 머지않아 모든 근로자들의 반 이상이 프리랜서로 일하게 될 것이다.

퍼플칼라로 무장한
프리랜서들이 온다

미국의 한 통계에 따르면, 2027년이 되면 직장을 다니는 정규직 근로자와 프리랜서의 비율이 50대 50이 된다고 한다. 그리고 그 해를 기점으로 다음 해부터는 오히려 프리랜서가 정규직 근로자 수를 넘어서게 될 것이라고 전망한다.

미국에서 향후 10년간 프리랜서의 숫자는 3,000만 명이 늘어나는 대신, 직장인들은 오히려 2,000만 명 정도 줄어들 것이라고 한다. 단순하게만 봐도 직장이 2,000만 개나 사라지는 것이다. 우리나라에서는 과연 몇 개의 직장이 사라질 것인가?

직장에서 직원으로 일하던 산업 시대의 습관에서 자유직의 프리랜서로 일하는 방식으로 서서히 바뀌고 있다.

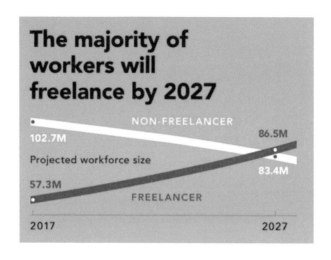

The majority of
workers will
freelance by 2027

NON-FREELANCER

102.7M

86.5M

Projected workforce size

57.3M

83.4M

FREELANCER

2017

2027

미래에는 자신이 좋아하는 일을 찾아서 자신의 방식으로 세상을 변화시키며, 사람들이 필요로 하는 해답을 줄 수 있는 퍼플피플이 주목을 받을 것이다.

이러한 추세는 개인의 뜻이나 의지와는 무관하게 일어나는 거대한 글로벌 트렌드로, 우리나라도 그 영향에서 자유롭지 못할 것이다. 따라서 앞으로 취업을 준비하거나 새롭게 사회에 진출하고자 하는 사람들은 일에 대한 새로운 개념을 염두에 두어야 한다.

또 기업의 경영자 입장에서도 회사 바깥에 있는 퍼플칼라의 창의적인 프리랜서들을 어떻게 기업에 연결해서 참여시킬 수 있는가를 고민해야 할 것이다.

이미 세계 경제 시스템의 새판 짜기가 시작되었다. 우리나라 경제계의 방향을 바로잡는 것은 우리 모두의 일이다.

공유경제로
새로운 가치를 찾는 신인류

퍼플칼라 일꾼들이 일하는 이유는, 첫째 그들이 그 일을 좋아하기 때문이고, 둘째는 자신들이 하는 일의 결과가 다른 사람들에게 도움이 되기 때문이다.

이 두 가지 이유는 그들에게 일반 직원들보다 뛰어난 발상과 성공을 향한 뜨거운 열정으로 몰입할 수 있는 충분한 동기를 부여한다. 이런 인재들이 도전하는 일들은 대체로 그동안 다른 사람들이 생각지 못했던 일들이 많다.

일반 직원들에게는 잘 보이지 않는 일들로, 도전하기 어렵고 난이도가 높으며, 실패할 가능성도 많다. 이런 일들에 도전하고 몰입해서 성공하는 사람들, 그리고 그들의 리더십으로 만들어지는 미래를 향한 일꾼들이다.

실리콘밸리에서 발견한 미래를 향한 새로운 인재들의 모습을 그려낸 '퍼플피플' 문화를 우리나라의 미래를 짊어진 젊은 주역들이 만들어나갈 수 있기를 기대해본다.

퍼플피플이 일하는 이유는 단순한 생계유지 차원을 넘어 자신들의 능력으로 이 세상에 의미 있는 일을 하려는 욕망이 있기 때문이다. 자신들의 재능과 노력으로 만들어지는 가치가 남들에게 도움이 되고 기쁨이 된다는 사실을 알고 있으며, 바로 그런 이유로 열정을 아끼지 않는다. 그들의 열정과 능력은 대단한 가치를 창조하며, 그들에게는 당연히 커다란 경제적 보답으로 돌아가는 것도 사실이다.

퍼플피플의 열정과 노력들이 공유경제를 통해서 빠른 속도로 전파되면서 사용자들에게 새로운 가치를 제공하고 있다. 결과적으로 새로운 인류라고 할 수 있는 퍼플피플이 중심이 되어 만들어지는 신생 기업들이 경쟁력 있는 기업으로 성장하면 빠른 속도로 경제계를 재편하는 날이 올 수도 있다.

모범생보다
모험생이
되라

인재의 유형이
달라진다

과거 산업사회에서는 선생님의 말씀을 잘 듣고 학교생활을 성실히 하는 '모범생'들이 성공할 가능성이 높았다. 이것은 그동안 한국 기업들이 해온 성공 방식과도 비슷하다.

지금까지 한국 기업의 대부분은 싸게 많이 만들고 열심히 반복적으로 일하며, 남들보다 훨씬 더 많이 노력해서 성공을 얻었다. 그런 기업 환경에서 좋은 인재란 당연히 성실하고 말 잘 듣는 사람이었다.

하지만 앞으로 이런 상황은 크게 달라질 것이다. 싸게 많이 열심히 만들어서 성공할 수 있는 시대는 지났다. 앞으로 성공을 좌우하는 요인은 단연 창의력이다. 선생님의 말씀을 잘 듣는 성실한 '모범생'보다 늘 호기심을 갖고 그것을 해결하기 위해 미친 듯한 열정으로 똘똘 뭉친 '모험생'이 더 창의적인 인재가 될 확률이 높다. 앞으로의 세상은 모범생이 아니라 이러한 모험생이 이끌고 나갈 것이다.

'또라이'라고 구박받던 모험생들이 산업 시대의 성공적 직업인인 모범생들을 능가해 실력 발휘를 하게 될 날이 머지않았다.

그렇다면 과연 모범생을 길러내듯이 모험생도 교육을 통해서 만들어낼 수 있을까? 내 대답은 당연히 "YES"이다.

"실패로부터 자유로울 때 위대한 성공이 가능하다"라는 저커버그의 이야기는 많은 것을 시사해준다.

모험생들은 성공에 대한 열정이 매우 강하다. 그들에게 누구처럼 하면 된다는 롤 모델을 제시해주어야 한다. 미국의 젊은이들에

모범생보다 모험생이
더 창의적인 인재가 될 확률이 높다.

**모범생이 되려면 선생님의 말씀을 잘 들어야 하지만
모험생이 되려면 자신의 호기심을 채워야 하기 때문이다.**

_『퍼플피플』 중에서

게는 스티브 잡스나 마크 저커버그처럼 변화를 이끌고 세상을 바꾼 롤 모델이 많이 있지만, 우리나라에는 그런 롤 모델이 매우 부족하다.

앞서가는 사람들이 후배들을 위해 앞장서야 하고, 미래를 위한 투자를 아끼지 말아야 한다. 나도 많은 후배들을 위해 그 역할을 기꺼이 맡아줄 준비가 되어 있다.

받아먹을 것인가,
벌어먹을 것인가를 선택하라

"당신이 가난하게 태어났다면, 그것은 당신의 잘못이 아닙니다. 그러나 당신이 가난하게 죽는다면, 그것은 당신의 잘못입니다."

빌 게이츠의 말이 요즘 가슴에 더욱 와닿는 이유가 있다. 디지털 트랜스포메이션이 새로운 경제 모델을 만들어내면서 과거 부자들의 자리가 새롭게 도전하는 신세대들에게 계속 넘어가고 있기 때문이다. 지금처럼 거대한 변화가 몰려오는 시대에 태어날 때의 가난함이 성공의 길을 막는 이유가 될 수는 없다.

디지털 트랜스포메이션과 함께하는 지금의 변화는 1,000년 만에 한 번 오는 거대한 사회 변화를 동반하게 될 것이다. 과거형 성공 패턴이 더 이상 안전한 가이드라인이 아니라는 사실이 계속 증명되고 있다. 한번 취직하면 평생 편안한 직장은 더 이상 존재하지 않을 것이다.

우리나라에서는 지금 최저임금이 가장 큰 이슈인 것처럼 착각하고 있지만, 지속 성장을 하다가 멈춰버린 산업 시대의 패턴이 전 세계를 강타하면서 특히 임금이 낮은 연령층의 취업이 어려워지게 되었다. 가장 큰 이유는 디지털 트랜스포메이션으로 급격하게 바뀌고 있는 산업의 생태계 때문이다.

사람이 하던 일을 기술이 대체하기 시작한 지난 수십 년 동안의 변화는 세 차례의 산업혁명보다 더 급진적이었으며, 이제 미래의 산업 형태 변화를 예고하고 있다. 새로운 산업들은 새로운 인재를 요구하는데, 이미 사회에 들어선 직장인들이나 취업 지망생들 중에는 기업들이 요구하는 기술에 대한 준비가 되어 있지 않은 사람들이 많다.

If you born poor,
it's not your mistake
but if you die poor it's
your mistake.

_Bill Gates

지금과 같은 과도기에 변화를 예상하지 못한 교육 시스템이 배출해낸 일꾼들이 혼란에 빠져 있는 것은 안타깝지만 어쩌면 당연한 일이기도 하다. 이런 상황 속에서 미래를 만들어갈 젊은 세대가 먼저 변해야 한다.

많은 직장인들이 세상의 변화에 민감하게 반응하면서 자신들의 미래와 직장에 대해 고민하고 있을 것이다. 지금 존재하는 많은 직업이나 직장들이 머지않은 미래에 존재하지 않을 수도 있고, 아직까지는 사람들이 해오던 일들 중 많은 부분이 기술에 의해서 사라지거나 축소되고 있기 때문이다.

워런 버핏은 이렇게 조언한다.

1) 월급에만 의존하지 말고 투자를 통한 두 번째 수익을 만들어라.
2) 당신이 필요치 않은 것을 사게 되면 꼭 필요한 것을 팔아야 할 수 있음을 기억하라.
3) 낭비하고 남은 돈을 저축하지 말고, 저축하고 남은 돈을 사용하라.
4) 모험을 할 때도 물 밑을 한 발로 짚듯이 안전함을 유지하라.
5) 투자를 한 곳으로 모으지 마라.
6) 아무나 믿지 마라. 정직함은 매우 희귀한 것이다.

받아먹을 것인지, 벌어먹을 것인지를 젊었을 때 결정해야 한다. 받아먹을 생각만 한다면 가난에서 벗어날 보장이 없을 것이다. 하지만 벌어서 먹는다는 생각을 하는 사람은 가난하게 태어난 것이 남들과의 경쟁에서 불리한 이유가 될 수 없음을 알게 될 것이다.

Excellent Quotes by Warren Buffett

On Earning:
"Never depend on single income. Make investment to create a second source."

On Spending:
"If you buy things you do not need, soon you will have to sell things you need."

On Savings:
"Do not save what is left after spending, but spend what is left after saving."

On Taking Risk:
"Never test the depth of river with both feet."

On Investment:
"Do not put all eggs in one basket."

On Expectations:
"Honesty is very expensive gift. Do not expect it from cheap people."

내 일을 찾으면
내일來日이
있다

세상에는 세 가지 색깔의
사람이 있다

세상에는 세 가지 타입의 사람이 있다. 무엇인가를 만들어내는 사람, 만들어지고 있는 것을 지켜보는 사람, 그리고 마지막으로 무슨 일이 일어나고 있는지 모르는 사람. 이 세 가지 중 당신은 몇 번째 타입인가?

언젠가 한 경영자 모임에서 덴마크 출신 미래학자인 롤프 옌센 Rolf Jensen의 강연을 들은 적이 있다. 강연 중에 가장 기억에 남는 것은 세 가지 색깔의 직원들에 관한 이야기였다.

롤프 옌센에 따르면 "모든 직장에는 빨간색, 노란색, 파란색 이렇게 세 가지 색깔의 직원이 있다"고 한다. 빨간색은 열정이 넘쳐

There are 3 types of people in this world
Those who
make things happen,
those who
watch things happen
and those who
wonder what happened.

서 일을 열심히 잘하는 직원, 노란색은 양심만큼만 일하는 직원, 그리고 마지막 파란색은 회사에 출근하는 유일한 이유가 '월급봉투'인 직원이다.

빨간색 직원이 많은 회사라면 가장 좋겠지만, 그것이 안 된다면 노란색 직원이라도 많아야 한다. 파란색 직원이 많은 회사라면 아마 앞으로 회사의 성장이나 발전을 기대하기 어려울 수도 있다.

이 대목에서 실제로 많은 경영자들이 걱정스러운 표정을 지어 보였고, 나도 마찬가지였다. 파란색 직원이 많다면 우리 회사도 문제가 될 것이라는 생각이 들었기 때문이다.

강연이 끝난 후 집으로 돌아오는 자동차 안에서도 그 이야기가 머릿속에서 떠나지 않았다. 그리고 마음 저 깊은 곳에서부터 걱정이 올라왔다. 하지만 그것은 우리 회사에 대한 걱정이 아니라 파란색 직원들에 대한 걱정이었다.

어떤 회사의 직원이든 월급봉투 이외에는 회사를 다닐 이유가 없다는 생각으로 출근하는 직원이 있다면, 회사나 경영자보다 오히려 그 직원 당사자가 가장 괴로울 것이라는 생각이 들었다.

직장은 배울 것이 많고 소중한 경험을 얻을 수 있는 곳이다. 직장에서 얻어가는 경험과 지식은 무엇보다 중요한 자산이 된다. 아마도 빨간색 직원은 월급봉투보다 훨씬 더 많은 자산을 얻어갈 것이다.

그와 반대로 파란색 직원은 일도 재미없지만, 경험이나 지식도 얻지 못한다. 회사보다 더 큰 낭비를 하는 건 바로 그 직원이 될 수밖에 없다. 회사를 떠난다고 해도 그 습관을 버리기 쉽지 않아서 변하기 어려울 것이며, 파란색 직원으로 있는 동안 얻은 경험이나 지식이 부족하기 때문에 더 좋은 직장을 찾는 일도 쉽지 않을 것이다.

가슴 설레는 일을
찾아라

일의 종류에 상관없이 가슴이 설레는 일을 찾아야 한다. 설레는 일을 열정적으로 하면서 얻는 지식과 경험은 돈으로 계산하기 힘들 정도로 큰 자산이 될 것이다.

미국의 한 연구 자료에 따르면, 밀레니얼 세대 중 60퍼센트 이상이 연봉보다는 자신의 취향에 맞는 직장을 선택했다고 한다. 평생 일을 한다는 가정하에 젊었을 때의 직장 경험이 나머지 인생의 직업을 좌우한다는 사실을 생각한다면, 신나게 일할 수 있는 직업이나 직장을 찾는 일은 매우 중요하다.

일하는 이유가 '월급봉투'뿐이라는 생각을 할지도 모르는 많은 직장인들에게 한마디 조언을 해주고 싶다.

직장(또는 직업)이 만족스럽지 않다면?

첫째, 직장을 내 마음에 들게 바꾸어본다.

둘째, 나를 직장에 맞게 바꾸어본다.

셋째, 1, 2가 안 되면……직장에서 탈출한다!

퍼플피플은 결국 자기 일을 즐기는 사람이다.

"당신의 일을 즐겨라Enjoy your Carrier!"

그게 전부다. 굉장히 단순하면서도 어려운 문제다. 자신의 일을 즐기면 왜 좋을까? 일하는 동안 재미있다. 좋아서 하는 일이니까 잘한다. 거의 노는 것 같은데 남이 돈을 준다. 이렇게 좋은 일이 또 어디 있을까!

누구나 태어날 때부터 가지고 있는 재능이 하나씩 있다. 다만 그것이 뭔지 모를 수 있다. 만약 자신의 재능을 일찌감치 알게 된다면, 그것을 함으로써 성공할 수 있다. 그걸 잘 모를 때는 가장 하고 싶은 일을 하면 된다. 그게 가장 잘할 수 있는 일이다.

어린 시절을 생각해보면 부모가 말려도 너무 하고 싶어서 몰래 하던 것들이 있다. 그런 놀이가 일이 되면 좋다.

먹고 살려면 잡job을 잡아야 한다. 하지만 인생의 큰 그림을 그리려면 커리어career를 만들어야 한다. 잡과 커리어는 다르다. 요즘 배고파서 굶어죽는 사람은 없으니 걱정하지 말고 도전해보자.

오프라 윈프리Oprah Winfrey는 성공할 수 있는 최고의 비결이 "자신이 사랑하는 일을 찾아서 그 결과를 남들에게 전달하는 일"이라고 말했다.

그냥 일이 아니라 내 일을 찾아라. 먹고 살기 위한 그냥 일이 아니라 나를 기쁘고 흥분되게 하는 내 일을 찾으면 그것이 곧 인생의 내일來日이 된다.

기업 속의
기업가
인트라프러너

중국 최고의 부자
마윈의 명언

"원숭이 앞에 바나나와 돈을 놓아두면 원숭이는 반드시 바나나를 집어갈 것이다. 원숭이는 돈으로 더 많은 바나나를 살 수 있다는 사실을 모르기 때문이다. 같은 이유로 많은 사람들은 비즈니스를 직접 하는 것보다 직장에 다니는 것을 선호한다. 그들은 비즈니스로 월급보다 더 많은 돈을 벌 수 있다는 사실을 모르기 때문이다. 직장을 통해서 번 돈으로는 먹고 살 수 있지만, 비즈니스로 번 돈으로는 '복Fortune'을 얻을 수 있다."

아주 간결하게 기업가 정신을 표현한 말이다. 기업을 통해서 번 돈으로는 "남들을 먹여 살릴 수 있다"라고 말했다면 더 멋졌을

Did you Know?

Jack Ma, The richest man in China said:
If you put Bananas and Money in front of
Monkeys, monkeys will choose Bananas
because monkeys do not know that money
can buy a lot of Bananas. IN REALITY, if you
offer JOB and BUSINESS to people, they
would choose JOB because most people do
not know that BUSINESS can bring more
MONEY than wages. "Profit is better than
wages, for wages can make you a living but
profits can bring you a fortune.

_Jack Ma馬雲

듯하다.

하지만 나는 마윈馬雲의 말에 문자 그대로 공감하지는 않는다. 내가 진행하고 있는 한국경제TV의 〈김영세 기업가 정신 콘서트〉에서나 내 저서 『퍼플피플』을 통해서도 안트러프러너처럼 일하는 인트라프러너Intrapreneure의 소중함을 밝힌 바 있다.

기업 속에도 창업자와 같은 안트러프러너들이 있다. 인트라프러너는 안트러프러너에서 파생된 말로, 기업 속의 안트러프러너를 말한다.

회사를 창업하려는 것과 같은 열정으로 취업하는 사람들이다. 페이스북은 저커버그가 창업했지만, 지금 페이스북에는 수천 명의 인트라프러너들이 활약하고 있다.

실리콘밸리에는 GAFA Google, Apple, Facebook, Amazon로 불리는 네 회사뿐만 아니라 수없이 탄생하는 스타트업들까지도 바로 이들 인트라프러너들의 활약으로 빠르게 성장하고 있다.

실리콘밸리의 성공 스토리를 만들어가는 주역들은 세계 각국에서 몰려오는 인트라프러너들이라고 해도 과언이 아닐 것이다.

한 명의 안트러프러너와
수천 명의 인트라프러너

우리나라 기업들에게도 '평범한 직원이기를 거부하며, 창업자들 못지않은 실력과 열정을 발휘하는 인트라프러너'들이 가장 소중한 인재들이다. 이들이 우리나라 기업들을 이끌어갈 가장 대표적인 퍼플피플이라고 생각한다.

창업이 아니어도 원숭이처럼 일할 필요는 없다. 실리콘밸리의 비밀도 바로 여기에 있다. 창업자와 CEO가 한두 명뿐인 실리콘밸리의 대기업들 속에 수백, 수천 명의 인트라프러너들이 공로자

들이라는 사실은 우리나라에 잘 알려져 있지 않은 듯하다. 실리콘밸리를 벤치마킹하려는 한국의 기업들은 사내에서 인트라프러너들을 키워야 한다.

예전에 우리나라의 한 대기업으로부터 전 임원들을 대상으로 하는 강연에 초대를 받았을 때, 그 기업에 인트라프러너의 뿌리를 내려보라는 제안을 했을 정도로 나는 기업 내의 기업인 육성 정책을 중요시한다. 직장인들에게 인트라프러너를 목표로 열정을 발휘하라고 '강추'한다.

원형의 조직도로
회사를
운영하라

문제 해결을 위한
원탁의 경영학

나는 회의를 할 때나 식사 모임을 할 때 사각 테이블보다는 원탁에 앉아서 하는 것을 좋아한다. 원형 테이블에 둘러앉으면 건너편과 바로 옆 사람은 물론, 양옆으로 멀리 앉은 사람까지 모두의 얼굴을 바라보며 대화를 나눌 수 있기 때문이다.

자연히 분위기가 부드러워지고, 누구든지 자유롭게 먼저 말을 시작할 수도 있다. 굳이 상석을 따지지 않아도 된다. 또 어떤 물건을 테이블 한가운데에 놓으면 둘러앉은 모든 참석자들이 공평하게 바라볼 수 있어 관심을 집중하기도 쉽다. 토론으로 문제를 풀어나가기에도 적합한 대형이다.

우리나라 기업들은 보통 기다란 사각형 책상을 회의실용으로 선호한다. 그런 회의실에는 대개 회장이나 사장의 자리가 정해져 있기 마련이며, 때로는 의자의 모양새까지도 다르다. 그 회의에서 가장 높은 사람이 앉을 자리가 정해지면 이어 직급 순서대로 참석자의 자리가 정해진다. 의견 발표도 직급대로 진행된다. 회의 광경은 당연히 아주 엄숙하고 딱딱해질 수밖에 없다.

이런 대형은 어떤 문제를 놓고 함께 토론하기보다 지시나 보고하기에 적합하다. 기업은 끊임없이 문제에 직면하게 된다. 그 과정에서 생기는 다양한 문제를 슬기롭게 풀어나가면 성장하는 기업이 되지만 그렇지 못하면 도태되고 말 것이다. 문제를 푼다는 것은 상황을 파악하고 문제점을 찾아내어 대안을 제시한다는 것이다.

넓게 보면 문제를 푸는 과정이 바로 디자인이다. 이미 묵은 얘기지만, 디자인이 곧 문제 해결의 과정이라는 정의는 "만인이 곧 디자이너"라는 주장의 근거가 된다.

문제 해결의 과정은 당연히 전문성을 가진 다양한 시각을 필요로 한다. 새로운 측면을 볼 수 있는 다양한 시각은 문제의 해결점을 찾는 데 필수적 요건이다.

열심히 봐도 문제를 찾아내지 못하는 기업은 같은 시각으로만 문제를 바라보기 때문이다. 문제를 해결하지 못하는 제품은 결국 시장에서 잘나가는 다른 상품들의 들러리 역할밖에 할 수 없다. 그런 의미에서 디자인 경영은 원탁으로부터 시작된다고 할 수 있다.

마치 원탁 위에 물건을 올려놓고 둘러앉아 함께 보듯이, 제품이나 기업의 문제를 한가운데 올려놓고서 다양한 시각을 가진 여러 전문가가 동시에 쳐다보기 때문에 문제를 정확하고 신속하게 해결할 수 있다.

기획, 디자인, 엔지니어링, 마케팅 담당자들이 긴 사각 테이블에 일렬로 앉아 릴레이하듯 일을 진행하고, 결과를 보고 나서야 서로 왈가왈부하는 꼴이어서는 안 된다. 동시공학concurrent engineering이나 다기능 팀제cross-functional team를 주장하는 이유도 여기에 있다.

신속하고 정확한 문제 해결 외에도 원탁의 또 다른 장점은 적극적인 참여 의식을 불어넣는다는 점이다. 참석자 모두가 공평한 대우를 받기 때문에 의견 교환이 활발해지고, 따라서 참석자들은 자신이 맡은 일뿐만 아니라 전체를 함께 볼 수 있기 때문에 보다 상호 협력적인 분위기 속에서 문제를 풀어갈 수 있다.

죽음도 꺾을 수 없었던 열정이 만든 역작
애플 파크

원형의 조직을 꿈꾸었던 또 한 사람이 있다. 바로 스티브 잡스이다. 그는 애플 파크Apple Park라고 불리는 원형 신사옥 건설을 위해 죽기 직전까지 애를 썼다.

2011년 그는 세상을 떠나기 불과 석 달을 남긴 긴박한 상황 속에서도 직접 쿠퍼티노 시의회를 방문했다. 자신이 꿈에 그리던 쿠퍼티노 신사옥의 설계도를 들고 시의원들 앞에서 건축 허가를 받기 위한 프레젠테이션을 하기 위해서였다.

　　늘 입던 청바지에 블랙 터틀넥을 걸치고 쿠퍼티노 시의회에 들어서는 잡스의 모습은 병마와 싸우느라 매우 초췌했고, 보기에 안쓰러울 지경이었다. 그러나 발표를 하는 그의 눈동자는 빛나고 있었다.

　　"3만 5,000명의 직원들이 일할 수 있는 캠퍼스를 디자인했으니 허가를 내주어서 그들이 입주하게 해주십시오."

　　건축물 허가를 받기 위한 공청회에 참석해서 호소하던 잡스의 수척한 모습을 동영상으로 보면서 나도 눈시울을 적셨던 기억이 난다.

　　"우리 시가 왜 당신의 요청을 들어줘야 하죠?"

　　한 시의원이 물었을 때, 잡스는 조금도 당황하지 않고 유머러스하게 되받으면서 참석자들의 박수를 이끌어냈다.

　　"쿠퍼티노 시가 허락을 해주지 않으면 애플은 다른 도시에 신사옥을 만들 것이고, 다른 도시로 이전하면 애플은 그 도시에 세금을 내게 될 것"이라고 재치 있게 답변했던 것이다.

　　처음에는 딱딱한 자세로 그를 맞이했던 시의원들도 이야기가 진행될수록 점점 빠져드는 듯했다.

　　앞으로 5년이 걸리는 대형 공사라서 자신은 사용할 수 없지만

"사랑하는 나의 직원들을 위해서 만드는 사옥이니 허가를 부탁한다"는 말로 마무리했고, 참가한 시의원들은 잡스에게 모두 기립 박수로 답했다.

진정한 리더는
세상을 변화시킨다

몇 달 후 세상을 떠날 사람이 도대체 무슨 힘으로 자신이 설립한 회사의 직원들이 사용할 사옥의 건축 허가를 받으려고 직접 시의회에 나타날 생각을 할 수 있었을까?

얼마나 용감한 사람이기에 죽음을 눈앞에 두고도 직원들을 챙기고 위하는 마음을 유지할 수 있었을까?

자신이 만든 회사가 원형의 조직이기를 꿈꾸었던 잡스는 결국 죽고 나서야 그 꿈을 이룰 수 있었다.

세상의 많은 회사들이 피라미드 형태의 조직으로 구성되어 있다. 그 피라미드의 꼭대기에 CEO가 있고, 계단식으로 내려오면서 직급에 따라 점차 아래로 확장된다. 이런 기업 조직의 문제는 상하 간의 공감대와 비전 형성이 어렵다는 것이다. 조직이 커질수록 위와 아래의 거리는 점점 멀어진다.

이런 조직에서는 회사를 끌고 가는 리더의 생각을 이해하지 못한 채 따라가야만 하므로 직원들에게 열정을 기대하기는 어려울 것이다.

반면에 원형 기업은 동그라미 한가운데에 CEO가 있고, 그 주변에는 리더의 뜻에 가장 가까운 인재들이 모인다. 그리고 마치 자라나는 나이테처럼 또 다른 동그라미들이 생겨난다.

건강한 나무가 오랫동안 자라면서 나이테가 많은 큰 나무로 성장하듯이, 회사도 원형 조직의 동그라미가 커지는 것과 함께 위대한 회사로 성장하는 것이다. 잡스의 꿈은 원형으로 된 세계 최대 건물을 만드는 것을 넘어, 세계 최고의 회사를 원형의 조직도로 구성하는 것이었다.

원형 구조로 자연스럽게 소통하는 공간을 꿈꾸었던 애플 파크는 결국 스티브 잡스의 유작이 되었다. 하지만 아마도 그가 평생 창조했던 모든 것들 가운데 최고의 '역작'이 아니었을까 싶다.

애플 파크 건설 과정에서 HP 소유의 땅 60에이커를 매입함으로써 전체 사옥 부지가 더 넓어졌는데, 거기에는 감동적인 이야기가 숨어 있다.

잡스가 고등학교에 다닐 때 컴퓨터를 만들면서 필요한 부품을 구하려고 HP의 설립자 데이비드 패커드David Packard에게 직접 전화를 걸어 도움을 받은 적이 있었다. 그 후 인턴까지 할 수 있게 해주었던 패커드에게 보답하기 위해 재정적으로 어려웠던 HP의 땅을 인수하게 되었다고 한다.

내가 본 잡스는 정말 특별했다. 미국이 선정한 '역대 20인의 영웅' 중 한 명이 된 것도 그리 놀라운 일이 아니다. 또한 그는 가장

스티브 잡스의 유작으로 남은 원형의 애플 본사 캠퍼스. 원형 구조를 통해 자연스러운 소통이 이루어지는 조직을 만드는 것이 잡스의 마지막 꿈이 었다.

진실한 안트러프러너 중 한 사람이었다. 스티브 잡스는 본능적으로 창조했고, 세상의 변화를 이끌어냈으며, 많은 사람들과 함께 기쁨과 행복을 나누었던 잊을 수 없는 영웅이다.

일하는 공간이
일하는 방식을
바꾼다

자동차 중심이 아닌
사람 중심의 포드 캠퍼스

2025년 완공을 목표로 진행 중인 포드 캠퍼스 디자인이 드디어 일반에 공개되었다. 미국 미시간주 디어본에 위치한 포드 캠퍼스는 1950년대에 만들어진 320에이커 규모의 초대형 캠퍼스로 60여 년 만에 새로운 모습으로 탈바꿈하게 된다.

"차가 아니라 사람이 디자인의 중심이다."

캠퍼스 디자인의 핵심은 바로 '자동차 중심이 아닌 사람 중심'이다. 60년 전과 지금은 자동차의 개념부터 달라졌다. '오토모빌Automobile의 시대에서 모빌리티Mobility의 시대'로 바뀌는 거대한 변화를 직원들이 사용할 캠퍼스의 디자인 개념 변화를 통해 보여주고 있다.

이 캠퍼스를 만들었던 1950년대만 해도 미국은 그야말로 자동차의 시대였다. 빠른 속도로 늘어나는 자동차의 생산량에 맞추어 포드 캠퍼스 전체 면적의 40퍼센트를 주차장 공간으로 만들었다. 하지만 새로운 캠퍼스 설계 안에서는 이 비중을 8퍼센트로 크게 줄였다.

자동차의 개념이 바뀌고 자율 주행차, 전기 자동차, 1인용 모빌리티 등 새로운 방식으로 사람들이 캠퍼스 내에서 이동할 것을 예상함으로써 과거와의 단절을 보여준다.

자동차의 개념이 달라지는 'Big Change'를 'New Campus' 디자인의 핵심으로 설계하면서, 지금은 차를 타고 움직이는 캠퍼스 내 여러 건물을 가능한 한 걸어다니도록 설계함으로써 '걸어다니는 캠퍼스Walkable Campus'로 만들었다.

그로 인해 남는 공간은 조경용으로 사용함으로써 에너지 절감과 아울러 친환경의 결과도 얻어냈다. 새롭게 만들어지는 포드 캠퍼스의 디자인을 보면서 앞으로 산업 시대 전성기에 만들어진 기업의 캠퍼스나 공장, 그리고 기업 직원들의 주거지역인 도시의 형태도 바뀌어갈 것이라는 예감이 들었다.

빅디자인을 통한
공간 개념의 변화

포드의 뉴 캠퍼스 기획은 건축물 설계의 혁신을 넘어, 회사 자체의 혁신을 건축물 디자인으로 이끌어내려는 노력으로 읽혀지기도 한다.

포드의 변신을 통해 우리나라에도 곧 도래할 도시, 주거, 산업시설의 변화를 미리 예측해볼 수 있을 것이다. 이제 더 이상 과거형의 건물들을 마구 세워서 그 안을 사람들로 채우려는 생각을 해서는 안 된다. 건축물이나 도시 디자인도 빅디자인 개념을 받아들여 '사람 중심'으로 디자인되어야 한다.

산업 시대에 만들어진 건축물, 산업 현장, 도시계획이 변하는 사람들의 일과 생활 방식에 맞게 설계되어야 한다. 디지털 트랜스포메이션이 주도하는 변화의 물결 속에서 공간 개념의 변화는 디지털 기술이 접목된 스마트시티Smart City의 개념을 넘어 '사람'들이 무엇을 필요로 하고 어떤 것을 원하는지를 연구하는 빅디자인 이론에서 출발하게 될 것이다.

동화 속 건물로 변신한
쓰레기 소각장

몇 년 전 광명시 양기대 시장의 초청을 받아 광명동굴을 구경한 적이 있었다. 안내를 받으러 동굴 앞으로 다가갔다가 입구에 흉측한 건물이 떡하니 버티고 있는 모습을 발견했다. 알고 보니 쓰레기 소각장이었다. 무슨 마음이었는지 나도 모르게 불쑥 이런 말이 튀어나왔다.

"저것 제가 디자인해드리겠습니다."

시커먼 건물이 너무 안쓰러워서 그랬는지 즉석에서 예쁘게 만들어준다는 약속까지 했다. 그러고 나서 연락이 없어 잊고 지내다가 2년이 지난 어느 날 시장으로부터 전화 한 통을 받았다.

"지금 빨리 광명으로 올 수 있으세요?"

결국 회의에 참석해 공식적으로 프로젝트를 받아서 돌아오는 길, 자동차에 몸을 실은 내 머릿속에서는 그 시커먼 건물이 동화에나 나올 법한 예쁜 빨간색 건물로 탈바꿈했다.

나중에 생각해보니, 주위가 푸른 숲이고 그날따라 유독 하늘이 파래 시커먼 건물이 빨간색이었으면 좋겠다는 생각이 들었던 것 같다.

흉측했던 그 건물은 이제 광명 시민들이 좋아하는 건물로 바뀌어 이 지역의 랜드마크가 되었고, '구름터'라는 예쁜 별명도 얻었다.

광명시에 위치한 쓰레기 소각장 구름터. 원래 시커먼 색깔에 흉측한 모습으로 기피 시설이었으나 지금은 광명 시민들로부터 사랑받는 이 지역의 랜드마크가 되었다.

이 작품을 볼 때마다 나는 동심으로 돌아간다. 그래서 무엇이든 상상하는 대로 만들어낼 수 있는 디자이너인 내 직업을 더 사랑하게 된다.

주거 생활의
라이프 스타일을
디자인하다

건축가와의 만남이
가져다준 절호의 기회

실리콘밸리의 이노디자인 사옥을 설계했던 건축가 켄 헤이스와 얼마 전 팔로알토 사옥에서 20여 년 만에 다시 만났다. 시간 가는 줄도 모르고 옛이야기를 하면서 감동받고 또 감격했던 순간이었다.

1995년에 만났을 때 나는 이 건물의 리디자인을 상상하며 그와 많은 이야기를 나누었다. 다음에 나오는 함께 찍은 사진 뒤편으로 살짝 보이는 건축물 모형을 보여주며 컬래버레이션을 제안했던 기억이 난다. 오른쪽 사진의 이노디자인 현관도 그 당시 오리지널 디자인 그대로이다.

당시 디자이너와 건축가의 만남이 뒤늦게 또 다른 건축 프로젝

20여 년 전 실리콘밸리 팔로알토의 이노디자인 사옥을 디자인할 때 함께했던 건축가 켄 헤이스. 오른쪽은 이노디자인 사옥 입구의 모습이다.

트의 기회를 가져다주었다는 생각도 든다.

그런 인연 때문이었을까? 얼마 전 나는 국내에서 아파트 디자인이라는 새로운 분야에 도전하게 되었다. 서울 송파구에 건설될 예정인 '신개념 아파트'의 콘셉트 디자인을 진행 중이며, 2021년이면 모습을 드러낼 수 있을 것으로 기대하고 있다.

건축물은 아무래도 디자이너, 특히 제품을 주로 디자인해왔던 산업 디자이너에게는 조금 낯선 분야이다. 하지만 사람들의 삶을 연구하고 미래를 상상하는 빅디자인의 개념에서 보면 디자이너들이 관심을 갖고 주목해야 할 분야라고 생각한다.

아이폰과 아파트의
공통점

"아이폰 디자인과 아파트 디자인의 공통점은?"

몇 년 전 새롭게 아파트 디자인 프로젝트를 시작하면서, 관계자들과의 첫 번째 미팅에서 내가 던졌던 질문이다.

"둘 다 '아'로 시작합니다."

한 담당자의 대답에 파안대소했던 기억이 생생하다. 아이폰이든 아파트든 두 프로젝트의 디자인 철학은 같다. 사용자를 생각하면 답이 나온다는 것이다. 아파트는 건축물이기 이전에 사용자(입주자)가 사용할 하나의 상품이다.

건축물은 사용자가 내부에 있기에 'in-side-out' 방식으로 디자인하게 되었다.

아파트는 많은 사람들이 동시에 거주하는 공간이지만, 사용자한 명을 중심으로 디자인된다. 그 한 명을 위해서 디자인한 공간이 결과적으로는 수천 명을 위한 공간이 된다. 제품을 디자인할 때 '사랑하는 사람들에게 선물하듯이 디자인하는' 모티브와 다를바가 없다. 나에게 건축물 디자인은 또 하나의 '커다란 상품'이다. 새로운 주거 생활의 라이프 스타일에 맞는 아파트 디자인도 빅디자인의 하나다.

코리아의
최고 경쟁력은
코리언

1조를 상징하는
12개의 원으로 희망을 쏘다

2011년 우리나라는 세계에서 9번째로 연간 무역 1조 달러를 달성한 국가가 되었다. 이를 기념하기 위해 정부는 삼성동 무역센터 앞에 LED 조형물을 만들기로 했고, 영광스럽게도 내가 그 디자인을 맡게 되었다.

국가로부터 요청받은 나는 기쁜 마음으로 디자인을 시작했고 LED 조형물로 완성되었다. 이 조형물은 코엑스 앞에 설치되어 축하 행사 기간 중 많은 사람들의 눈길을 사로잡았다.

조형물 디자인을 의뢰받았을 때, 나는 한국전쟁 후 잿더미에서 일구어낸 경제 기적의 원동력은 우리나라의 국민들이었다는 생각이 들었다. 1조를 상징하는 동그라미 12개를 우리 국민들의 땀방울을 상징하는 태극기의 음양으로 표현했다.

아래 오른쪽 사진의 조형물은 위의 LED 조형탑이 철수된 후에도 그 뜻을 남기기 위해 코엑스 앞에 세운 조형 작품이다. 국민들의 땀방울로 이룬 1조 달러를 12개의 원이라는 같은 콘셉트로 형상화했다.

규모가 크지 않아서 눈에 잘 띄지 않지만 그 앞을 지날 때마다 고개를 돌려서 바라보게 되는, 나에게는 물론 우리 국민들에게도 매우 의미가 깊은 작품이다.

무역 1조 달러 달성을 기념하기 위해 만든 LED 조형물(왼쪽), 축하 행사용 LED 조형물이 철거된 후 그 뜻을 남기기 위해 코엑스 앞에 새로운 조형물을 세웠다(오른쪽).

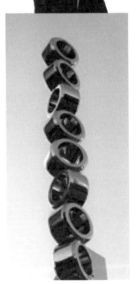

212

한국의 브랜드 가치를
기억하라

영국의 세계적인 브랜드 컨설팅 업체인 브랜드 파이낸스Brand Finance가 발표한 2018년 전 세계 국가 브랜드 순위에 따르면, 우리나라의 국가 브랜드 가치는 2조 달러로 세계 10위를 차지했다.

전 세계에 200개가 넘는 나라들이 있는데, 그 가운데서 열 손가락 안에 들 만큼 브랜드 가치가 높은 나라가 되었다는 사실이 놀랍기만 하다.

우리나라보다 높은 순위의 국가로는 미국, 독일, 영국, 프랑스,

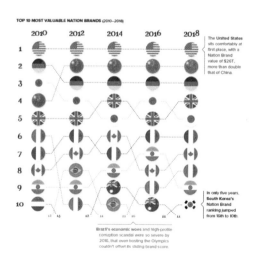

일본, 이탈리아, 캐나다 등 G7 7개국과, 인구수로 세계 1, 2위를 다투는 중국과 인도뿐이다. 이 얼마나 대단한 일인가?

이것 말고도 또 있다. 한 나라의 경제 규모를 알 수 있는 GDP 순위에서도 2018년 기준으로 우리나라는 세계 12위를 차지했다. 최근 몇 년 사이 11위와 12위를 왔다 갔다 했지만 이 역시 엄청난 일이 아닐 수 없다.

1위를 차지한 미국은 우리보다 GDP가 10배나 많지만 땅덩어리로 보면 거의 100배나 크다. 우리나라는 미국의 50개 주 가운데 하나인 캘리포니아주보다도 작다. 중국과 비교하면 인구수는 3퍼

센트에 불과하지만 경제력은 중국의 12퍼센트가 넘으니 우리나라 국민 1인당 GDP는 중국의 4배 이상이 되는 셈이다. 중국의 경쟁력이 '인구'라면 한국의 경쟁력은 '인재'이다.

전 세계 국가들을 경제 규모별로 표시한 지도를 보면, 우리나라는 땅덩어리의 크기로 표시한 지도와는 달리 러시아와 거의 비슷한 크기를 자랑한다.

스스로에 대한 자긍심으로
위기를 뛰어넘자

이보다 더 놀라운 일은, 우리나라가 세계적으로 이렇게 대단한 나라라는 사실을 전 세계 사람들은 다 알고 있는데 정작 우리 국민들만 잘 모른다는 것이다.

물론 우리나라가 정치, 경제, 사회 모든 면에서 여러 가지 위기감을 갖고 있다는 것을 부정할 수는 없다.

무역 규모 1조 달러를 돌파한 지 8년째를 맞은 지금 우리 경제가 매우 어려워진 것도 사실이다. 앞으로 지금과 같은 경제력을 유지할 수 있을지도 의문이다. 하지만 그럴수록 무엇이 문제이고, 어떻게 극복해나가야 하는지 심각하게 고민해야 한다.

우리는 우리가 생각하는 것보다 훨씬 뛰어난 국민이고, 우리나라는 세계인들이 놀랄 정도로 대단한 국가다. 전 국토를 잿더미로

215

만든 한국전쟁 이후 불과 70년 만에 우리 국민들이 이루어낸 경제적 성취에 대해서는 얼마든지 자부심을 가져도 좋을 듯하다. 조금 어렵다고 해서 자책할 필요도, 위축될 필요도 없다.

얼마 전 한 해외 사이트에서 각 국가별 인구를 그래픽으로 표시한 지도를 보면서 놀란 적이 있다. 그림에 따르면 아시아 인구가 전 세계 인구의 60퍼센트에 달하며, 아시아와 아프리카 인구가 세계 인구의 75퍼센트를 차지하고 있다.

중국과 인도가 인구 면에서 세계 1, 2위를 다투고, 예상 밖으로 미국이 3위를 차지하고 있다. 우리나라는 전 세계 200개 국가 중 27위를 차지한다.

땅도 좁고 인구도 적은 나라가 세계 경제에 그만한 영향을 끼치고 있다는 것은 실로 대단한 일이 아닐 수 없다.

외국 사람들을 만날 때마다 나는 "'Korea'의 가장 큰 경쟁력은 'Korean'"이라고 자신 있게 말한다. 한국인은 지적인 능력이 뛰어나고 창의적이며 열정적이다. 인구는 많지 않지만 골프, 축구, 피겨스케이팅, 음악 등 다양한 분야에서 세계적인 스타들을 배출하고 있다. 세계 어느 나라 사람들보다도 재능과 끈기가 있는 국민이다. 또 기업 브랜드의 가치가 세계 10위권에 포함되는 기업을 보유하고 있으며, 세계를 이끄는 정상급 IT 기업들이 있는 대단한 국가다.

한국에는 세계 최고 수준에 오른 첨단 기술 분야의 기업들이 존재한다. '메이드 인 코리아'라는 상징은 세계인들에게 선망의

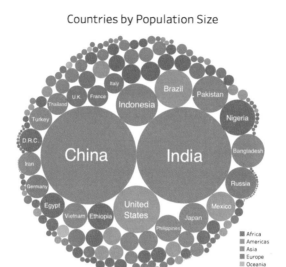

Countries by Population Size

China / India / Brazil / Indonesia / Pakistan / Nigeria / Italy / U.K. / France / Thailand / Turkey / D.R.C. / Iran / Germany / Bangladesh / Russia / Egypt / Vietnam / Ethiopia / United States / Japan / Mexico / Philippines

■ Africa
■ Americas
■ Asia
■ Europe
□ Oceania

대상이 되었다. 그런데도 우리 국민들은 아직 우리나라가 선진국 대열에 진입하지 않았다고 생각한다.

우리나라의 국가 브랜드가 10위권이며 경제력도 12위에 올랐다는 자신감이 우리나라 국민들에게 희망의 에너지로 작용해서 현재의 위기를 극복할 수 있기를 기대해본다.

미국에서 유학 생활을 시작해 실리콘밸리에서 디자이너로 활동하고 있는 지금까지 많은 시간을 해외에서 보내면서 나는 대한민국에 대해 자부심을 갖고 살아가고 있다.

30년이 넘는 미국 생활을 통해서 외국인들이 우리나라를 보는 시각이 달라지고 있음을 현장에서 목격했다. 특히 우리나라의 경제 성장에 비례해 한국을 보는 외국인들의 관심도는 그 어느 때보다 높다. 경제를 뒷받침하는 한국인들의 기술과 재능, 그리고 근면성에 대한 칭찬이 아직도 자자하다.

물론, 지나친 자만심은 금물이다. 발전의 에너지를 떨어뜨릴 수 있기 때문이다. 그리고 눈앞으로 다가온 디지털 트랜스포메이션이라는 커다란 변화 앞에서 우리도 변해야 한다. 세계인들은 이미 우리나라를 선진국으로 인정하고 있으며, 우리 국민들이 리더십을 발휘해줄 것을 기대하고 있다.

한국을 알려주는 네 글자
'티·냉·자·스'

노래 잘하는 BTS, 공 잘 차는 손흥민 등은 대한민국을 세계에 널리 알리고 있는 유명한 한국인들이다. 그리고 하나 더 포함시키자면 2018 평창올림픽의 성화봉과 성화대를 디자인한 김영세까지. 아, 물론 마지막은 농담이다.

우리나라의 브랜드를 전 세계에 알리는 데는 이와 같이 특출한 개인들의 역할이 있었음을 부인할 수 없다. 하지만 보다 지속적이고 더 깊이 'KOREA'라는 단어를 세계 사람들에게 인식시킨 것은 '티·냉·자·스'라는 네 글자였다. 그것은 바로 TV, 냉장고,

자동차, 스마트폰이다.

우리나라와 GDP가 비슷한 러시아는 국가 브랜드 순위로 보면 10위권 내에 들어가지도 못하지만 잘 만드는 것이 무기밖에 없기 때문에 '티·냉·자·스'를 모두 잘 만드는 우리나라를 무척 부러워한다. 그 때문에 요즘은 한국어 배우기 열풍이 일고 있다고 한다.

우리나라의 경쟁력을 한마디로 말하면 제조업의 생산능력이라고 할 수 있다. 물론 그 기본은 기술력이며, 한국인들의 근면성과 창의적 두뇌, 그리고 교육열 등이 뒷받침되었기 때문에 가능한 일이다.

얼마 전 라스베이거스에서 열린 2019 CES에 다녀왔다. 아마 25년 동안 거의 빠진 적 없이 매년 '출석 도장'을 열심히 찍었던 듯하다.

25년 전과 비교하면 그야말로 상전벽해다. 25년 전 처음 CES를 참관했을 때만 해도 한국 기업들의 전시관은 매우 초라한 수준이었다. 규모도 작았지만 관심을 끌 만한 상품들도 턱없이 부족해서 전시장을 찾은 관람객들이 우리 기업들의 부스는 거의 스쳐 지나가는 분위기였다.

그때의 모습과 비교하면 이번 CES에서 본 한국의 대표적인 두 전자 회사의 위상은 '천지개벽'이라는 표현이 어울릴 정도로 발전한 모습이었다. 일단 전시관의 규모와 외관부터 모든 관람객들의 시선을 독차지할 만큼 압도적이었다.

그 모습을 지켜보면서 우리나라의 전자 산업이 지난 25년 동안 얼마나 많이 성장했는지, 한국 경제의 주역으로서 어떤 역할을 해왔는지 알 수 있었다.

25년간 진행된 우리나라 전자 산업의 세계화 과정을 돌아보면, 그 속에서 산업디자인의 발전이 중요한 축으로 제 역할을 해왔음을 깨닫게 된다. 25년 전 우리나라의 대표적인 전자 회사의 총수들을 모두 만나본 나는 "미래의 먹거리는 결국 디자인을 통해서 만들어질 것"이라는 확신을 심어주는 데 전력을 다했다.

그 후 디자인으로 크고 작은 승리를 이루어내면서 '디자이너 지망생'들을 많이 배출한 것도 현재 우리나라 전자 제품의 경쟁력을 높이는 데 일조했다고 믿고 있다.

그러나 오늘날의 경쟁은 또 다른 차원으로 바뀌었다. 생산 중심의 기업 경쟁력이 사용자를 위한 아이디어 경쟁 차원으로 옮겨가고 있다. 디자이너의 역량이 과거 그 어느 때보다 더 중요해졌고, 기업들의 성공을 좌우하게 될 것이다.

이제는 산업 시대에 만들어온 경쟁력을 빅디자인을 통해 디지털 트랜스포메이션 시대까지 이어질 수 있도록 해야 한다. 산업 시대의 성공에 도취해 있다면 급격하게 변화하는 시대에 도태되고 말 것이다.

당신은
무엇을
남길 것인가

스스로에게 던지는
'빅 퀘스천'

"당신은 무엇을 남길 것인가?"

학생들에게 강연을 할 때나 젊은 창업자들을 만날 때면 종종 이런 질문을 던지곤 한다. 내가 직접 진행하는 〈김영세 기업가 정신 콘서트〉라는 TV 프로그램을 통해서 만나는 많은 기업인들도 예외는 아니다.

이 질문을 하면 대부분의 사람들은 머뭇거리면서 바로 대답하지 못한다. 사업으로 큰 성공을 거둔 사람들이라고 해서 크게 다르지 않다. 한편으로는 기업 경영에 너무 집중하다 보니 그런 것을 생각할 여유가 없을지도 모르겠다.

누구라도 자신에게 이런 질문을 하고 스스로 답을 찾아보는 것이 좋다. 결국 사업을 하는 것도 많은 사람들을 위해서 세상에 무엇인가를 남기려는 것이다. 이런 근본적인 깨달음이 있다면 그 경영자는 단순히 거대한 기업을 만드는 차원을 넘어 위대한 기업으로 만들어나갈 수 있을 것이다.

실리콘밸리의 젊은 기업가들이 천문학적인 재산을 사회에 환원하고, 엄청난 돈을 미래에 투자하며, 후배들의 창업을 지원하는 모습들을 나는 가장 부러워한다.

실리콘밸리의 기업가 정신은 '나눔Sharing'에 뿌리내리고 있음을 알 수 있다. 디지털이 세상의 모든 규칙을 바꾸어가는 오늘날 나눔의 정신으로 뿌리내리고 확장되어가는 실리콘밸리의 문화는 미국뿐 아니라 전 세계를 리드하고 있다.

반면에 한국의 경제 리더들의 세대교체는 상대적으로 매우 더딘 속도로 진행 중이다. 아직도 산업 시대에 성공한 기업인들이 주역으로 활동하는 한국의 많은 기업 문화는 실리콘밸리의 주역들이 활약하는 기업 문화와 상당히 다르다.

우리나라 리딩 기업들의 출발점은 한국전쟁 이후 백지에서 새 출발하는 생존의 문제 해결에 있었다. 그리고 기적적인 속도로 성장한 그들의 경쟁력은 규모와 조직의 힘에 있었다고 해도 과언이 아닐 것이다.

힘든 경제 상황 속에서 탈출하기 위한 지난 60여 년간의 한국 경제의 역사는 처절함과 긴박함에 등 떠밀리듯 성장한 '축재(살아

남기 위해서 재산 모으기)'에 있었던 것 같다.

　세상에 무엇인가를 남긴다는 말은 당대의 기업인들에게 사치로 여겨졌을지도 모른다. 그러나 이제 잠시 숨을 고르고 기업의 탄생 이유는 무엇인지, 세상을 위한 기업인들의 역할은 무엇인지를 다시 한번 생각해보아야 할 때이다. 그리고 훨씬 더 위대한 의미를 찾아야 한다. 기업인들이야말로 모든 사람들을 위하여 일반인들보다 많은 희생과 노력을 해서 고용을 창출하고, 산업을 일으키며, 결과물들을 나누는 아름다운 사람들이다.

　그들이 국민들로부터 사랑과 존경을 받지 못한다는 것은 참으로 안타까운 일이 아닐 수 없다. 이는 기업가 정신, 즉 안트러프러너십의 진실이 국민들에게 제대로 전달되지 못했기 때문이며, 그로 인해서 기업가들 자신의 인생관도 긍정적이지만은 않은 결과를 초래하기도 한다.

가슴 설레는 당신만의
꿈을 가져라

퍼플피플이라는 개념을 제시하게 된 이유는, 남다른 역량을 발휘해서 경제를 이끌어가는 사람들에 대한 관심과 존경심이 우러날 수 있도록 모멘텀을 만들기 위해서이다.

　또한 산업 시대에 성공한 우리 경제 1세대들의 업적을 인정하지만, 미래의 주역은 또 다른 인재들이라는 시각을 널리 알려 새로운 경쟁력을 만들어내기 위해서이다.

그리고 내가 직접 보고 듣고 체험하고 있는 실리콘밸리의 생활과 현장에서의 기업 운영을 통해 얻은 경험을 우리나라의 미래를 짊어진 젊은 세대에게 전하기 위해서이다.

결론적으로 일을 시작하기 전부터 가슴이 설레는 사람들, 일을 하는 동안에는 열정을 쏟아부을 수 있어 행복한 사람들, 그리고 자신이 좋아서 하는 일로 남들에게 기쁨을 나눌 수 있는 사람들, 이런 사람들을 많이 배출하기 위해서이다. 이런 사람들을 나는 '퍼플피플'이라고 부르며, 우리나라 젊은이들의 삶의 목표가 '퍼플피플'이 되기를 기대한다.

퍼플피플의 인생 목표는 이 세상에 남들이 좋아할 수 있는 무언가를 남기는 것이다.

나는 이노디자인의 이노틱한 브랜드를 남기는 꿈을 꾼다. 디자이너로서 살아온 내 경험을 남기고 싶다. 내 경험과 내가 디자인한 작품들이 세상의 젊은이들에게 동기부여가 되기를 기대한다. 내가 할 수 있는 일이었다면 더 좋은 세상에 태어난 나보다 젊은 사람들은 누구나 해낼 수 있는 일이라고 믿고 있기 때문이다.

비틀스는 좋은 음악을 남겼고, 피카소는 좋은 그림을 남겼다. 그리고 스티브 잡스는 전 세계인들로부터 사랑받는 애플이라는 작품을 유산으로 남겼다. 다시 한번 묻고 싶다. 당신은 무엇을 남길 것인가?

비틀스는 우리가 좋아하는 음악을 남기고

피카소는 우리가 좋아하는 그림을 남기고

잡스는 애플을 남겨주었다

당신은 무엇을 남길 것인가?

세상을 바꾸는 사람들
PURPLE PEOPLE

인간은
창조할 때
가장 행복하다

안드레아 보첼리의
특별한 행복

이탈리아의 안드레아 보첼리Andrea Bocelli는 하늘이 준 아름다운 목소리로 대중들로부터 큰 사랑을 받는 세계적인 성악가이다. 하지만 선천성 녹내장 때문에 어릴 때부터 한쪽 눈을 거의 볼 수 없었고, 열두 살 때 축구를 하다 눈에 공을 맞는 바람에 나머지 한쪽 눈도 볼 수 없게 되어 지금은 아무것도 보지 못하는 시각 장애인으로 살아가고 있다.

이런 보첼리의 모습을 보면서 나는 그가 과연 행복할까 의구심을 가지곤 했다. 하지만 그는 많은 사람들 앞에서 공연할 때마다 맑은 음성만큼이나 환한 미소로 언제나 행복한 모습을 보여준다.

"인간은 창조가가 될 때 비로소 행복해진다."

안드레아 보첼리의 이 말을 이해하고 나서야 비로소 나는 고난이 있는 인생도 창조할 수 있다면 행복하다는 어려운 깨달음을 얻을 수 있었다. 우리가 창조하는 시간을 가장 행복하게 느끼는 이유는, 우리의 창조물이 다른 사람들에게 기쁨을 주기 때문이다.

크리에이터creator는 음악이나 미술 등 예술인들뿐 아니라 운동선수, 기업가, 기술자 등 모든 사람들에게 붙일 수 있다. 특별한 분야의 전문가가 아니더라도 누구나 어떤 것이든 창조하는 순간이 있다. 누구나 크리에이터가 될 수 있고, 누구나 행복해질 권리가 있다.

자신의 아이디어와 자신이 좋아하는 색상으로 거실을 아름답게 꾸몄을 때, 또는 특별한 아이디어로 만든 식사를 차려놓고 가족들과 함께 식탁에 둘러앉았을 때 사람들은 누구나 창조의 행복

Human beings are
only happy
when they are creators.

_Andrea Bocelli

감을 느낄 것이다.

　조물주는 우리 모두에게 재능을 하나씩 주었다. 누구든지 태어날 때 얻은 재능으로 창조자로 살아갈 수 있으며, 행복을 누릴 수 있다는 것이 바로 보첼리를 통해 얻은 깨달음이다.

자신이 하고 싶은
일을 해야 행복하다

나에게는 음악을 하는 아들이 있다. 디자이너와 뮤지션은 직업상 전혀 관계가 없어 보이지만, 우리 둘 사이에는 공통점이 하나 있다. 바로 둘 다 크리에이터라는 점이다. 나는 아들이 나와 같은 크리에이터로 살아가는 것을 매우 기쁘게 생각하고 있다.

　10여 년 전쯤 아들과 함께 밤새도록 이야기를 나눈 적이 있다. 아들은 당시 캘리포니아에서 고등학교에 다니고 있었는데, 나에게 자신의 미래에 대해 처음으로 털어놓으면서 오랜 시간 대화를 한 것이다.

　아들은 자신이 좋아하는 것이 그림과 음악 두 가지인데 그중에서 무엇을 하는 것이 좋을지 나에게 물었고, 우리는 그날 밤을 새워가며 그 이야기를 나누었다. 나는 아들이 그 두 가지 중 하나를 스스로 결정할 때까지 기다려주었다. 결국 아침 해가 훤히 떠오르고 난 후에야 아들은 내게 자신의 결정을 말해주었다.

"아빠, 저는 음악을 할래요."

그 이후 한 번도 뒤돌아보지 않고 음악에 몰입하는 아들이 대견해서 나는 마음으로 100퍼센트 지원하고 있다. 그날 아들의 결정을 기다리며 말을 아꼈던 것은 "누구나 자신이 가장 하고 싶은 일을 해야 행복하다"는 믿음이 있었기 때문이다.

"마이크, 너는 왜 그렇게 노래를 좋아해?"

어렸을 때 사람들이 그렇게 물으면 아들은 항상 이렇게 대답하곤 했다.

"Because I am music!"

세계적으로 유명한 패션 디자이너 샤넬이 'Because I am fashion'이라는 말을 남긴 사실을 그때는 나도 몰랐으니 아들이 알 리가 없었을 텐데 말이다.

나는 아들이 노래하는 가수이자 자신의 모든 곡을 작곡하는 크리에이터라는 점에 커다란 자부심을 갖고 있다. 무엇이든 세상에 없던 것을 창조할 수 있다는 것은, 세상에 태어나서 누릴 수 있는 가장 큰 영광이라는 사실을 너무나 잘 알고 있기 때문이다.

재능을 타고난 사람들은 자신의 재능으로 세상 사람들에게 기쁨을 줄 수 있는 일에 열정을 쏟아야 한다.

"마이크, 네가 만드는 아름다운 음악들은 네 것이 아니라 네 음악을 사랑하는 모든 사람들의 소유물이란다. 마치 아빠의 디자인들이 아빠의 디자인을 사랑하는 사람들의 소유물인 것처럼."

2002년 '어머니날'에 선물했던 쿠폰 스토리는 그동안 나의 책과 강연을 통해서 많이 알려졌다. 그 쿠폰을 보면서 내 가슴에 새겨진 "Design is loving others!"라는 한마디는 이노디자인의 슬로건이자 디자인 철학으로 자리 잡았다.

아들 역시 "Music is love!"라는 철학으로 많은 사람들을 행복하게 해주는 크리에이터가 되어주길 바란다.

디자이너처럼
생각하고 일하고
사랑하라

디자인은
누군가를
사랑하는 일이다

이노디자인의 DNA 속에 새겨진
디자인 슬로건

"디자인은 다른 사람들을 사랑하는 것이다Design is loving others!"

이 단순한 문장은 이노디자인의 모든 디자이너들이 공유하고 있는 우리만의 디자인 철학이자 슬로건이다.

이 슬로건은 아들이 어머니날에 선물한 쿠폰북에서 비롯되었다는 이야기를 이미 여러 번 언급해서 다들 잘 알고 있을 것이다. 청소, 세차 등 엄마에게 해줄 선물이 담긴 다양한 쿠폰마다 유효기간이 표시되어 있었는데, 마지막 쿠폰 한 장만은 달랐다.

"Love!, Exp. Never!"

미지막 쿠폰 '엄마 사랑하기'에는 유효 기간이 없었다.

　이 쿠폰을 보는 순간 아내는 웃음을 멈추고 눈물을 떨어뜨렸다. 그 모습을 지켜보던 내 가슴도 함께 뛰었다. 그 순간 나는 최고의 디자인을 보았다. 사랑에는 유효 기간이 없다는 메시지를 이렇게 아름답게 전하는 것을 나는 본 적이 없었다. 그동안 내가 했던 어떤 디자인보다도 더 큰 감동을 준 디자인이었다.

　"Design is loving others!"

　나도 모르게 혼자서 중얼거렸다. '사람을 감동시키는 것 이상의 디자인은 없다'는 것을 새삼 깨달으면서 나도 모르게 터져 나온 말이었다.

　다음 날 회사로 달려간 나는 모든 디자이너들이 모인 자리에서 이 쿠폰북을 보여주며, "사랑하는 사람에게 선물하듯이 디자인하자"고 말했다.

그때 만들어진 이노디자인의 디자인 철학은 수많은 히트 상품들을 디자인하는 기본 개념으로 자리 잡았고, 이노디자인의 모든 디자이너들이 창조하는 이유와 방식이 되면서 이노디자인만의 DNA로 전해지고 있다.

상품에
사랑의 옷을 입혀라

디자이너의 마음은 바로 이래야 한다. 자신이 디자인하는 상품의 소비자를 누구보다 사랑해야 그 소비자를 감동시킬 수 있다. 예를 들어 넥타이 디자인도 마찬가지다. 재미있고 기발한 패턴을 그리면 고객들이 마음에 드는 것을 하나씩 사갈 것이라는 자세만으로는 감동을 주기에 부족하다. 아무리 재미있고 기발해도 무덤덤한 마음으로 디자인하는 것은 '내 취향'에 지나지 않기 때문이다.

내 취향을 그리기에 앞서 고객이 좋아할 만한 것을 먼저 찾아내고, 고객의 옷과 어울리며 분위기와 이미지를 좋게 만들 수 있는 길이 무엇인지를 고민해야 한다. 트렌드를 살피고 사용자의 불편함과 약점이 무엇인지를 알아내어, 이를 보란 듯이 해결해야 감동을 줄 수 있다.

다른 사람을 위해 넥타이를 선물할 때도 마찬가지다. 중요한 것은 내 취향이 아니라 받을 사람의 취향이다. 넥타이를 고르는 것은 나지만 사용할 사람은 따로 있기 때문이다.

만약 선물을 받을 사람이 사랑하는 사람이라면 보다 치밀하게 이런 점들을 따질 것이다. 지루하고 짜증이 나더라도 사랑하는 마음으로 이 과정을 제대로 챙겨야 한다. 유니폼을 입히듯 일방적으로 강요하는 디자인은 결코 상품으로 성공할 수 없다.

아내는 아이가 디자인해서 만든 사랑의 쿠폰북을 선물받고 무척 오랫동안 행복해했다. 한 장씩 떼어 쓸 때마다 웃음꽃이 피었다. 눈에 보이지 않는 사랑의 마음을 눈에 보이게 전달하는 것, 이를 통해 사용하는 사람을 행복하게 만드는 것, 이것이 바로 디자인의 힘이다.

디자이너의 손을 거쳐 회사의 브랜드를 달고 출시되는 제품도 마찬가지다. 그러므로 디자이너는 다른 어떤 사람보다 남을 사랑하는 마음을 가져야 한다.

마음을 열고 많은 사람을 사랑해야 한다. 자신이 사랑하는 사람들을 행복하게 만들기 위한 것이라면 어떤 어려운 일이든 즐겁게 노력하는 자세를 가져야 한다. 이것이 디자이너는 물론이고 기업이 가져야 할 귀중한 덕목 중 하나다.

사랑받는 디자인은
'진선미'를
만족시킨다

무엇이 소비자의 구미를
돋우는가

요즘도 자주 볼 수 있는 CJ의 '햇' 브랜드 상품이 이노디자인 작품이라는 사실을 아는 사람들은 그리 많지 않다. 처음 햇 국수 패키징을 디자인했던 것은 15년도 훨씬 전의 일이다. 당시 생소하다던 디자인이 지금까지 그대로 사용되고, 세계 각국에서 볼 수 있을 정도로 널리 퍼져 있다.

황금 참기름, 국순당의 명작, 오뚜기밥도 모두 이노디자인 작품이다. 황금 참기름의 디자인 의뢰를 받았을 때 가장 먼저 떠올랐던 장면은 요리를 하다가 참기름을 넣으려고 병을 기울일 때면 병 표면에 참기름이 흘러내리는 것이었다. 이 문제를 해결하기 위해

239

무엇이 소비자의 구미를 당기는가 '디자인의 향기'

사랑받는 디자인 제품은 [참실된 기능], [착한 가격], [아름다운 모양]을 의미하는 '진선미'를 만족시킨다

입구가 휘어져 기름이 흐르지 않는 참기름, 샌프란시스코 와인병 디자인 전에서 금상을 획득한 국순당의 '명작', CJ의 '햇' 브랜드와 오뚜기밥. 사랑받는 디자인은 '진선미'를 만족시킨다.

병을 휘게 만들어보면 어떨까 생각했다. 결과적으로 기능을 보완하면서 다른 병들과는 차별화되어 눈에 띄는 디자인이 되었고, 시장 반응도 대성공이었다.

국순당이 의뢰한 '명작'의 디자인은 당시 샌프란시스코의 세계 와인병 디자인전에서 금상을 획득했고, 단골 낙지집에서 내가 즐기는 술이 되었다.

오뚜기밥 패키징 디자인도 오뚜기의 브랜드 인지도를 한층 더 높여주는 효자 상품 역할을 톡톡히 했다. 디자인은 우리 생활 속에 깊숙이 들어와 있는 한 국가의 문화적 아이콘이다.

무엇이 소비자의 구미를 당기는가? 사랑받는 디자인은 진실된 기능, 착한 가격, 아름다운 모양을 의미하는 '진선미'를 만족시킨다.

디자인뿐만이 아니다. 모든 비즈니스가 마찬가지다. 사랑하는 사람에게 선물하듯이 비즈니스를 하고, 고객을 사랑하는 사람이라면 아마 모두 성공할 것이다. 세상의 모든 기업들은 사용자를 사랑하는 마음을 가져야 성공할 수 있다. 그게 바로 디자인 씽킹, 즉 디자이너처럼 생각하기의 시작이다.

사랑이 없으면
감동도 없다

국내 클라이언트 사의 요청으로 미국 로스앤젤레스에 있는 세계 최대의 장난감 회사인 마텔 사를 방문한 적이 있다. 그때 나는 회의를 마친 후 관계자들과 점심을 함께하면서, 문득 마텔 사의 바비 브랜드를 접목하여 예쁜 MP3 플레이어를 만들면 딸 수진이가 참 좋아할 것 같다는 생각이 들었다. 이것이 바로 이노의 여성만을 위한 MP3 플레이어 시리즈 '바비 라인'이다.

좋은 디자인은 다른 사람을 사랑하는 마음이 있을 때 만들어질 수 있다. 사랑과 디자인이 대체 무슨 상관이 있느냐고 생각하는 사람들도 있을 것이다. 하지만 지금까지의 경험을 통해 내가 깨달은 것은 사랑이 담기지 않은 디자인은 그 누구도 감동시킬 수 없다는 사실이다.

사람의 마음을 움직이는 가장 큰 힘이 바로 사랑이다. 마음이 움직이지 않으면 사람들은 절대로 지갑을 열지 않는다.

나는 디자인을 할 때 마치 사랑하는 사람에게 선물하는 마음으로 디자인을 한다. 아내에게 사용이 편리한 화장품을 선물하고, 딸에게 소녀 시절의 꿈이 담긴 MP3 플레이어를 선물하는 것처럼, 얼굴도 이름도 모르지만 내 제품을 즐거운 마음으로 사용할 소비자들을 위해 디자인하는 것이다.

누군가 내가 디자인한 제품을 갖게 되었을 때 마치 사랑하는 사람에게 선물을 받은 것처럼 기뻐할 수 있다면, 그것이 바로 디자이너인 나에게 돌아오는 가장 큰 보상이다. 또한 그렇게 사람들을 행복하게 하는 것이 내가 디자이너로 일하는 가장 큰 목표이다.

디자인으로
마케팅하는
시대

화석화된 마케팅에서
벗어나라

"마케팅은 죽었다Marketing is dead!"

　이렇게 당당하게 선언한 사람은 바로 세계적인 광고 회사 사치 앤사치의 회장인 케빈 로버츠Kevin Roberts이다. 세계적인 마케팅 구루이기도 한 그는 왜 마케팅이 죽었다고 선언했을까?

　그가 죽었다고 말한 마케팅은 매스 마케팅으로 상징되는 과거의 마케팅을 의미한다. 아직도 유명 비즈니스 스쿨에서는 화석화된 과거의 마케팅을 가르치고 있다.

　상품 전략이나 가격 전략, 타사와의 차별화 같은 틀에 박힌 이론에 기초한 방법으로 마케팅 전략을 세워서는 브랜드 로열티를 획득할 수 없다. 가격이나 제품 스펙 같은 정보에 좌우되지 않는 진정한 가치를 추구하는 것이 필요하다.

소비자는 기업의 마케팅 타깃이 되고 기업들의 의지대로 조종 당하는 것을 무척 싫어한다. 반면에 대화에 참여하고 어떤 움직임에 동참하거나 영감을 얻을 수 있는 장에는 적극적으로 관여하고 싶어 한다.

로버츠 회장은 이처럼 이성에 치우친 마케팅 방식에 경종을 울렸다. 광고나 상품 패키지, 웹사이트를 만들 때도 콘텐츠를 검토하기 전에 영감을 유발하는 것, 즉 감성을 중시해야 한다고 생각한다.

더 새롭고 더 빨라야
시장을 선점한다

나는 로버츠 회장과 같은 맥락에서 "디자인은 죽었다"고 생각한다. 제품을 예쁘게 꾸며주는 것에 집중했던 과거의 스몰디자인 시대는 끝났다. 이제는 디자이너가 스스로 창조하고 제품을 만들어야 한다. 그것이 바로 빅디자인이다.

스타트업 지원에 전념하고 있는 요즘, 로버츠 회장의 말이 아니더라도 현장에서 마케팅의 개념이 달라져야 함을 느끼고 있다. 특히 창업자들과 많은 시간을 보내면서, '어떻게 그들의 상품이 시장에 성공적으로 진입할 수 있는가'를 토론하고 연구하면서, 이제는 디자인으로 마케팅을 하는 시대에 와 있다는 결론을 내리게 되었다.

세상에 존재하지 않는 아주 기발한 상품에 대한 아이디어가 있다고 가정해보자. 그 새로운 상품을 망망대해처럼 넓은 이 시장에서 어떻게 알릴 것인가.

물론 과거 산업 시대에도 어떤 기업이 새로운 상품을 출시하면 똑같은 고민을 했을 것이다. 당시만 해도 'Bigger, the Better'라는 경제 이론이 통하던 시대였다. 기업이 충분한 시간을 갖고 많은 광고비를 투자하면 충분히 경쟁할 수 있었다.

하지만 세상이 완전히 바뀌었다. 지금은 'Newer, the Better', 'Faster, the Better'의 경쟁 시대에 와 있다. 더 새롭고 더 빨라야 경쟁에서 이길 수 있다. 스타트업이 새로운 상품을 들고 세상으로 이륙할 때까지 주어진 시간은 짧게는 수개월에서 길어야 1~2년이다. 마치 이제 막 이륙하려고 준비하는 비행기들이 단 몇 분 내에 급하게 하늘로 떠올라야 하는 상황과 같은 강한 압박을 받게 된다.

한편, 과거의 매스미디어를 통한 대량 광고 위주의 마케팅 방식이 필요 없을 정도로 아이디어가 뛰어난 상품은 순식간에 일파만파로 퍼져나간다. 또 많은 시간이 주어지지 않는 대신 적은 마케팅 비용으로 성공적으로 런칭할 수 있는 기회도 있다. 그 기회를 만들어주는 것은 바로 그 제품의 사용자들이다.

디자인으로
창업의 기회를 잡아라

사용자를 염두에 둔다면 마케팅에서 경쟁력을 강화할 수 있다. 스타트업의 경우 선보인 상품들이 사용자의 관심을 차지할 수 있는 매력을 지녀야 제품에 대한 소문이 더 빨리, 더 멀리 퍼져나갈 수 있다.

광고 마케팅의 능력이 승부처가 아님을 금방 알 수 있을 것이다. 광고할 수 있는 기회가 만들어지기 전에 상품이 매력을 갖추기 위해서는 디자이너의 역할이 중요하다. 마케팅의 시작이 마케터가 아니라 디자이너가 되어야 하는 이유도 바로 그 때문이다. 그것은 빅디자인이 탄생한 기반이기도 하다.

물론 크리에이티브한 아이디어 광고도 상품의 매력을 어필하는 데 빼놓을 수 없는 중요한 요소다. 그러나 사용자들은 디자인의 진실성 없이 크리에이티브한 기술만 번뜩이는 광고에 더 이상 감동받지 않는다. 광고는 상품의 진실성을 정확하고 빠르게 알려야 하는 데는 필요조건이지만, 구매 결정을 이끌어낼 만한 충분조건이 되지는 못한다.

이러한 변화가 디자인으로 마케팅하는 시대를 만들어냈다. 디자인이라는 '무기'를 가진 스타트업들에게는 매우 좋은 창업의 기회가 될 것으로 믿고 있다. 앞으로도 마케팅이라는 험난한 전쟁터에서 디자인이라는 '지원사격'을 필요로 하는 스타트업들을 돕기 위한 작업을 계속해나갈 것이다.

머릿수가 아니라
머릿속이 중요하다

언젠가 우리나라에서 가장 큰 기업 중 한 곳으로부터 요청을 받아 직원들을 대상으로 강연을 한 적이 있다. 강연이 끝나자 그 회사의 임원 한 분이 내게 질문을 했다.

"이노디자인에는 직원이 몇 분이나 계십니까?"

"50명 정도 됩니다."

"우리 회사에는 디자이너가 500명이나 있는데, 왜 이노디자인에 디자인을 맡겨야 하는 걸까요?"

그 임원은 장난스러운 표정으로 농담 삼아 내게 하소연하듯이 말했다. 나도 가벼운 농담으로 응수를 했다.

"각 회사의 베스트 일레븐을 뽑아서 한번 붙어보시죠. 어차피 톱들이 움직이는 것 아닙니까?"

가벼운 웃음과 함께 화기애애한 분위기 속에서 강연이 무사히 끝났지만, 그 말이 결코 농담은 아니었다. 디자인에서 정말 중요한 것은 500명이라는 숫자가 아니라 한 사람의 머릿속 아이디어 하나가 어떻게 차별화된 경쟁력을 만드느냐이다.

우리나라의 디자인이 세계에서 제대로 평가받지 못하는 이유는 "디자인은 한 사람의 머릿속에서 시작된다"는 아주 쉽고도 중요한 사실을 잘 모르거나, 알고 있지만 인정하고 싶어 하지 않는 기업 문화 때문은 아닐까.

브랜드 디자인은
말없는
홍보대사

고속도로에서 발견한
CIPD 이론

미국 유학을 떠났던 바로 그해, 시카고의 고속도로에서 운전을 하다가 나는 특별한 경험을 하게 되었다. 자동차의 룸미러를 통해 뒤를 보는데 수백 미터 이상 떨어져서 달려오는 자동차의 실루엣만으로도 벤츠, 포르셰, BMW 등의 브랜드가 모두 확실하게 구분되고 눈에 들어온다는 것이었다. 아무리 봐도 자동차 앞에 달린 브랜드 로고를 볼 수 있는 거리가 아니었기 때문에 더욱 신기했다.

　그날의 깨달음이 나의 브랜드 디자인 이론 중 하나인 'CIPD Corporate Identity through Product Design'의 바탕이 되었다. 흔히 브랜드

디자인 컨설팅을 할 때 CI라고 하면 'Corporate Identity'를 의미하는데, 이노디자인에서는 여기에 디자인 요소를 더 강조해 CIPD 프로젝트로 명명하고 있다.

CIPD란 말 그대로 '제품의 모습만 보아도 고객들이 어떤 회사의 제품인지를 구분할 수 있게 만든다'는 디자인 전략이다. 일리노이 대학교에서 학생들을 가르치던 시절에 이 CIPD 이론으로 강의를 했고, 그 후 한국의 주요 대기업들과 컨설팅을 할 때도 이 이론을 열심히 전파했다.

"디자인은 당신 브랜드의 말 없는 홍보대사다."

IBM, 웨스팅하우스, UPS, abc 등 미국의 대표적 브랜드를 디자인했던 그래픽 디자인 분야의 전설적인 인물인 폴 랜드Paul Rand는 브랜드에서 디자인의 중요성을 강조했던 사람이다.

**Design is the silent
ambassador of your brand**

_Paul Rand

브랜드 디자인뿐 아니라 모든 제품의 디자인은 그 기업의 얼굴 Identity이다. 폴 랜드의 '디자인 앰버서더' 이론이 브랜드뿐 아니라 제품 디자인 분야에서도 매우 중요하며, 성공적인 CIPD의 비결은 모방하지 않는 독특한 디자인 오리지널리티Design Originality를 만드는 일임을 기억해야 한다.

혁명적인 변화는
작은 생각에서 시작된다

"새로운 자동차를 디자인할 때 절대 다른 자동차를 따라하지 마세요."

1959년 탄생한 오리지널 MINI의 디자이너 알렉 이시고니스Alec Issigonis가 자동차 업계 디자이너들에게 해준 말이다. 60년이 지난 오늘날까지도 전 세계인으로부터 변함없는 사랑을 받는 MINI의 신화는 바로 그만의 독보적인 '디자인 오리지널리티'를 통해 만들어졌다. 자동차든 가전제품이든 디자인 오리지널리티는 지금도 제품 가치의 가장 중요한 원천이다.

어느 날 프랑스 칸의 한 호텔 테라스에서 진을 마시던 알렉 이시고니스는 머릿속에 맴도는 이미지를 종이에 스케치하기 시작했다. 메모지에는 어디서도 본 적이 없는 독특한 스타일의 자동차가 그려져 있었다. 이 사소한 스케치가 훗날 역사에 길이 남을 위

대한 혁명의 시작이었다.

"All revolutions starts small!"

모든 혁명적인 변화는 한 사람의 머릿속에서 맴도는 작은 생각
에서 시작된다.

메이드 바이보다
디자인 바이를
하라

우리가 상품의
주인이다

"이노디자인의 목표는 '우리는 우리가 디자인하는 모든 상품들의 주인'이라는 자부심을 갖는 디자인을 창조하는 것이다. 이노디자인의 디자인을 즐기세요!"

내가 디자인한 제품에는 아래의 레이블이 꼭 따라간다. DE-SIGN BY INNO라는 상표는 우리가 디자인하는 상품들 속에 우리의 땀과 깊은 생각들을 담고 있음을 증명해준다.

DESIGN BY INNIO의 꿈이 공식화되었던 것은 실리콘밸리에서 창업한 지 5년쯤 되던 해였다.

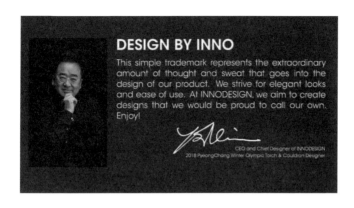

나의 꿈은
현재진행 중이다

휴대용 가스버너, 일명 '랍스터'는 여러모로 내 디자인 인생에서 기념비적인 작품이다. 내 생애 최초로 미국 IDEA 금상을 안겨주었으며, 영국의 유명 잡지『디자인DESIGN』의 커버스토리로 소개되어 내가 처음 세계무대에 알려지게 해주었다.

창업한 지 얼마 되지 않아 큰 디자인상을 수상해 몹시 흥분한 상황이었는데,『디자인』지에서 인터뷰 섭외가 들어와 놀랐던 기억이 지금도 생생하다.

더구나 내 인터뷰를 위해서『디자인』지의 마이크 존스Mike Johns 편집장이 직접 런던에서 온다는 이야기는 듣고도 믿기 어려울 정

253

DES|GN STORY

2013년 2월 4일 월요일 1회

혁신은 오히려
특별하지 않은
하루에서 비롯된다

일상이 경쟁력이다.

나는 그저 일상 생활 속에서 아이디어들을
얻는다. 만약 차이점이 있다면, 나는 하루에
도 수십개 이상의 아이디어를 얻고, 그런
아이디어들로 매우 충분하다.

일명 '랍스터'라는 이름을 가진 휴대용 가스버너. 주요 디자인상을 수상하
고 영국의 유명 잡지 『디자인』의 커버스토리를 장식하기도 했던 기념비적
인 작품이다.

도였다.

반가운 마음에 샌프란시스코 공항으로 직접 '영접'하러 나갔
고, 내가 운전해서 실리콘밸리의 이노디자인으로 모시고 와서 하
루 종일 인터뷰를 진행했었다.

인터뷰를 마치고 그가 예약한 샌프란시스코의 한 호텔로 가는
차 속에서 나는 "랍스터 사진이 『디자인』 표지에 실린다면 행복할
것 같다"고 농담을 했다.

전통 있는 유명 잡지의 표지에 신인 디자이너의 작품이 실린다
는 것은 상상하기 어려운 일이다. 나 또한 그저 희망 사항을 전했
을 뿐이었다.

평소 존경하던 세계적으로 유명한 디자이너들의 작품이 이 잡

지의 표지에 실리는 것을 보면서 부러워했던 대학 시절이 떠올랐기 때문이었다.

내 말에 별 대답이 없던 존스 편집장은 다음 날 런던으로 돌아갔고, 한 달 정도 지난 후에 완성된 잡지를 우편으로 보내주었다. 우편물 봉투를 뜯자마자 표지에 내 작품이 실려 있는 것을 보고 깜짝 놀랐다.

흥분을 가라앉히고 내 인터뷰가 실린 페이지들을 읽어 내려가면서 느꼈던 마이크 존스 편집장에 대한 고마움은 지금도 잊을 수 없다.

용기를 북돋아준 수준 높은 4쪽짜리 기사는 나를 감동시켰고, 지금까지 디자인에 빠져 살도록 만들어주었다. 그는 내 디자인 창의력을 극찬하며 "자신이 만난 YoungSe Kim은 BMW 7 시리즈로 자신을 픽업했는데, 옷차림은 디자이너처럼 스타일리시하고 비즈니스맨처럼 스마트했다"고 썼다. 기사를 읽으면서도 흥분될 정도로 나를 너무 멋있게 표현해주었다.

인터뷰 끝에 그는 나에게 "당신의 꿈은 무엇이냐?"고 물었고, 나는 "나의 꿈은 Design By INNO가 Made by OOO보다 중요한 시대를 만드는 것"이라고 대답했었다. 마이크 존스 편집장은 내 말을 그대로 실어주었다.

당시 『디자인』지에 쓰인 '나의 꿈'은 그로부터 10년 후 아이리버와의 만남으로 처음 이루어졌다. 전 세계 1,000만 명 이상의 아이리버 MP3 플레이어 사용자들이 제품에 새겨진 'Design By

INNO' 로고와, 패키지에 인쇄된 내 사진과 나의 시그니처를 보고 제품을 구매했던 '디자인 성공 스토리'를 만들어낸 것이다. 아이리버와의 만남으로 처음 이루어졌던 그 꿈은 지금도 여전히 진행중이다.

마켓 셰어보다
마인드 셰어에
주목하라

사랑받을 때
브랜드가 된다

실리콘밸리 이노디자인 사무실 근처에 애플 스토어가 있다. 애플의 신제품이 출시되면 문을 열자마자 사람들이 '득템'하려고 줄을 서는 곳이다. 줄 길이는 대략 100미터에 이르고, 하루 전에 그 앞에다 텐트를 치는 사람들도 있다. 좋아하는 아이돌 공연 티켓을 사려는 팬심과 다르지 않다. 이쯤 되면 애플이 사람들의 마음속에 들어앉았다고 표현할 수 있을 것이다.

기업의 CEO들뿐 아니라 모든 임원들의 관심 1순위는 아마 마켓 셰어Martket Share, 즉 시장 점유율일 것이다. 마켓 셰어 1~2퍼센트에 목숨을 걸다시피 하는 것이 경영자들의 운명이기도 하다.

하지만 경영자들이 진짜 관심을 가지고 주목해야 할 것은 마인드 셰어Mind Share, 즉 고객의 마음 점유율이다. 마인드 셰어는 어떤 기업이나 제품을 사랑하는 사용자의 마음 지표라고 할 수 있다. 말하자면 사용자가 그 제품을 자기 마음에 담는 것이다.

신제품 출시를 앞두고 애플 스토어 앞에 늘어선 그 기나긴 줄은 바로 마인드 셰어의 표현이다.

마케팅이란 곧 브랜딩branding이다. 사람들로 하여금 기억하게 만드는 과정이다. 브랜딩을 통해 상표, 기업, CEO의 이름이 고객의 머릿속에 확실하게 입력된다. 그리고 마음에 침투해 고객의 사랑을 받을 때 비로소 브랜드가 된다.

브랜드가 되려면 남들이 별것 아니라고 생각할 만한 아이디어, 남들은 그냥 참고 마는 사소한 불편을 시시하다거나 귀찮게 여기지 않는 태도가 필요하다.

차별화야말로 브랜딩의 출발점이다. 브랜드란 곧 "나는 다른 제품과 다르다"는 한 문장으로 압축할 수 있다.

브랜드 가치가 낮으면 해당 회사의 가치를 반영하는 기업의 가격도 낮게 매겨진다. 단적으로 삼성전자보다 스마트폰 글로벌 시장 점유율이 낮은 애플의 시가총액이 삼성전자를 압도하는 건 브랜드 가치의 격차를 반영한 것이라고 볼 수 있다. 기업의 미래 가치를 높이려면 마인드 셰어, 곧 브랜드 가치를 높여야 한다. 마인드 셰어를 끌어올리면 마켓 셰어도 자동적으로 따라 오른다.

브랜드가 고객의 마음속에 자리 잡고 있다는 것은 곧 고객의 사랑을 받고 있음을 의미하기 때문에 서서히 마켓 셰어를 확대해 나갈 수 있다. 단순히 전체 시장에서 매출액으로 몇 퍼센트를 차지한다는 통계를 갖고 소비자들이 그 브랜드를 얼마나 사랑하고 있는지 정확하게 알 수 없으면 실제로 가치의 측정과 일치하지 않을 경우도 많다.

디자인도 그렇지만 비즈니스도 결국 타인을 사랑하는 마음에서부터 출발한다. 결국 기업가와 고객이 서로를 사랑하는 마음이 만나 마인드 셰어링이 이루어지는 게 브랜딩이다.

마인드 셰어는 브랜드 인지도와는 다르다. 단순히 브랜드를 알리고 브랜드의 인지도를 올리고자 한다면 광고에 돈을 쏟아부으면 어느 정도 올릴 수 있다. 그러나 마인드 셰어에서 광고는 필요조건일 뿐이다. 사랑받는 수준의 브랜드 로열티를 확보하려면 플러스알파가 투입되어야 한다. 해당 제품의 품질이 뛰어날 뿐 아니라 사용자에게 행복감을 안겨줘야 한다.

이런 브랜드를 만들어내려면 CEO 나름의 철학이 있어야 한다. 디자이너이자 디자인 회사의 CEO로서 내 철학은 '기술을 파는 기술'인 디자인을 통해 이윤을 창출하는 것이다.

과거에 디자이너는 고객이 건네주는 제품의 사양대로 그림을 그리기만 했다. 하지만 내게 찾아오는 클라이언트들은 "사람들이 원하는 것을 디자인해달라"고 주문한다.

성공적인 브랜드보다
위대한 브랜드를 지향하라

브랜딩이란 브랜드에 생명을 불어넣는 일이다. 브랜드는 누구나 만들 수 있지만 그 가치는 모두 다르다. 브랜드의 가치는 생물체처럼 성장하거나 쇠퇴하며, 그것은 곧 기업의 가치와 함께 움직인다.

기업이 창업해서 경영하는 것은 마치 생명체가 탄생해서 자라는 것과 같다. 다시 말해 브랜드라는 이름을 얻어서 태어난 아기가 평생을 성장하며 살아가는 것으로 비유할 수 있다. 단 생명체와 다른 것이 있다면, 브랜드의 생명은 하나의 생명체와 함께 끝나지 않고 지속적으로 이어갈 수 있다는 점이다.

"브랜드를 브랜딩한다"는 말은 기업을 건강하게 경영한다는 말과 같다. 그것이 곧 CEO의 첫 번째 역할이기도 하다.

그렇다면 브랜드는 어떻게 정의할 수 있을까? 나는 브랜드라는 것이 'Name of entity individual, corporations, groups of people, organizations etc.'라고 생각한다. 즉 개인이나 기업, 사람들의 그룹, 조직 등 독립적인 하나의 개체에 붙는 이름이다.

이런 정의에 따르면 누구나 브랜드를 만들 수 있고, 브랜드가 될 수 있다. 하지만 성공적인 브랜드는 'name that is recognized by people', 즉 사람들에 의해 인식되는 이름이다. 다시 말해 그냥 어디에나 붙는 그런 이름이 아니라 사람들에게 인식됨으로써 머리에 남는 이름이다.

여기에서 한 단계 더 나아가 위대한 브랜드라고 하면 'name that is loved by people', 즉 사람들에게 사랑받는 브랜드라는 깨달음을 얻었다. 이것은 "Design is loving others!"라는 이노디자인의 슬로건으로 만들어진 나의 깨달음과 같다. 기업 경쟁력의 핵심은 브랜딩의 성공이라고 표현해도 무리가 없을 것이다.

매년 발표하는 세계 20대 브랜드의 순위와 기업들의 세계 시가총액 기준의 순위는 거의 일치한다. 2018년의 경우 브랜드 가치 순위가 애플, 구글, 아마존, 마이크로소프트, 코카콜라, 삼성순이었는데, 그 기업들의 시가총액 순위도 거의 비슷하다.

마켓 셰어가 올라가는데도 회사의 시가총액이 함께 오르지 않으면 그 간극이 바로 마켓 셰어와 마인드 셰어 간의 격차라고 할 수 있다.

브랜드를 성공적으로 브랜딩하려면 어떻게 해야 할까? 성공적인 브랜드를 만드는 일은 곧 사람들로부터 사랑받는 브랜드를 만드는 일이다. '사람들로부터 기억되는recognized by people' 수준을 넘어 '사랑받을 수 있게loved by people' 되었다면 그 브랜드의 가치는 엄청난 것이다. 바로 이렇게 위대한 브랜드는 사람들로부터 사랑을 받는 브랜드이다.

"마켓 셰어보다 마인드 셰어가 우선되어야 한다"는 것은 오랜 디자인 컨설턴트로서 경험에서 얻은 깨달음이다.

디자이너는
미리 미래에
가보는 사람

바보들을 대상으로 한
'풀 가이즈 인터뷰'

미국의 유명 브랜드 상품을 디자인할 때, 그 회사의 디자인 품평회에 초대를 받아 참석한 적이 있다. 품평회에 가보니 10여 명의 사람들을 모아놓고 포커스 그룹 인터뷰Focus Group Interview를 진행하고 있었다.

한쪽 방향만 보이는 창문 너머로 인터뷰 대상자들을 살펴보니 그저 길 가는 사람들을 모아놓은 것 같은 모습이었다. 제품 디자인과 그 모니터링 대상자들 사이에는 아무런 감정도, 느낌도 존재하지 않는 듯했다.

그 디자인에 대해서 별 관심이 없는 사람들에게 제품 선호도에 대한 의견을 묻고, 그들의 취향에 맞춰 제품의 선호도를 조사하고 있는 FGI 전문 요원들의 모습이 바보스러울 지경이었다. 샌프란시스코에서 보스턴까지 비행기를 타고 날아간 시간이 아까울 정도로 실망스러웠다.

그 광경을 보면서 나는 탄식하며 혼잣말로 중얼거렸다.

"이건 포커스 그룹 인터뷰FGI가 아니라 풀 가이즈 인터뷰Fool Guys Interview이군."

세상에 존재하지 않는 것을 꿈꾼다

빅디자인 시대의 디자이너는 보통 사람들과 달리 미래에 미리 가보는 사람들이라고 생각한다. 제품 개발 첫 단계부터 참여해서 전체 비즈니스 모델을 만들어가는 사람이기 때문이다.

미래에 출시할 상품들의 선호도 조사를 일반 소비자 수십 명을 모아놓고 진행하는 모습을 보면서 안타까운 생각이 많이 들었다.

스티브 잡스는 개발할 상품에 대한 소비자 선호도를 조사하지 말라는 철학을 가지고 있었다. 그 이유는 보통 사람들은 자신이 원하는 게 무엇인지 알 수 없기 때문이라는 것이었다.

그렇기 때문에 애플은 일반인들이 상상할 수 없는 혁신적인 디자인으로 만들어진 신상품으로 사람들을 놀라게 해줘야 한다고 말했다. 세상을 놀라게 하는 혁신적인 제품들은 지금껏 세상에 존재하지 않았던 제품이다.

아주 오래전 소니 디자인센터에서도 비슷한 일이 있었다. 한 무명 디자이너가 아주 조그맣게 생긴 엉뚱한 포터블 라디오를 하나 디자인했다. 때마침 이 센터를 방문한 소니 회장은 그 디자인을 보고 마음에 들어 상품화를 결정했다.

이 결정이 알려지자마자 회사 내 여기저기에서 반대의 목소리가 드높았다. 음질이 탁월한 포터블 라디오를 그렇게 작게 개발하려면 현재의 기술 수준으로는 막대한 투자가 필요하고, 만약 개발된다고 해도 시장 진입을 위해서는 많은 어려움이 따를 수밖에 없다는 것이었다.

불만의 표현은 다양했지만 한마디로 요약하면, 한 번도 검증된 적이 없는 제품에 모험이나 미래를 걸 수 없다는 것이었다. 그 반대 의견이 훨씬 설득력 있어 보였다. 그러나 소니 회장은 이 같은 반대 여론을 듣지 않았다.

세계에서 제일 처음 나오는 신제품에 대해 어떻게 검증 자료가 있을 수 있겠느냐면서 단호하게 말했다.

"우리는 이 세상에 아직 존재하지 않는 그 무엇인가를 꿈꾼다. 그것을 못 만들 이유는 아무것도 없다"

이렇게 해서 탄생한 것이 바로 중년층이라면 잘 알고 있을 '워크맨'이다. 워크맨 디자인은 그야말로 새로운 문화를 제시했고,

세상을 바꿔버렸다. 세계적인 히트 상품이 탄생되었음은 물론, 소니의 입지를 더 확고히 해주었다.

아직도 사전 모니터링을 통해서 미래 선호도를 예측한다는 '난센스' FGI를 진행하고 있는 회사들이 많다. 이 과정의 맹점은 수십 명의 일반인들은 자신들이 익숙한 디자인을 선호한다는 점이다.

하지만 지금 선호되는 디자인은 실제로 신상품이 출시되는 1~2년 후에는 유행이 지나서 신선함이 없는 상품이 되어버려, 당시 모니터링할 때 선호했던 사람들의 눈에도 차지 않는 철지난 트렌드 상품이 될 가능성이 높다.

변화하는 트렌드를 예측하고, 새로운 모델을 일반 소비자들이 선호하도록 만드는 것은 매우 뛰어난 일부 전문가의 경험으로 시도하는 도박과 같은 일이다. 자신 있는 전문가들은 미래 예측에 성공하겠지만, 그렇지 못한 기업들은 경쟁에서 실패할 것이다.

디자인도 엄청난 양의 시행착오를 거쳐서 성공 확률을 키워가는 냉정한 전문 분야라는 점을 간과해서는 안 될 것이다.

미래를 나는
자동차

10여 년 전 어느 날이었다. 한국에 도착해 인천공항에서 강남으로 이동 중이었다. 그날따라 길은 왜 그리 막히는지 올림픽도로가 거의 주차장 수준이었다.

'이 차가 그대로 하늘로 날아올라서 목적지까지 가면 좋겠다.'

막히는 도로의 자동차 뒷자리에 앉아서 답답함을 느끼던 나는 급기야 하늘을 나는 엉뚱한 상상을 하게 되었다.

'안 될 것도 없지!'

그러고는 곧 종이를 꺼내 스케치를 시작했다. 땅 위를 달리던 자동차 바퀴가 회전해 날개처럼 바뀌면서 하늘을 날아가는 모습의 자동차 그림을 스케치할 수 있었다.

하늘을 나는 자동차 덕분이었는지 스케치를 마무리 지을 때쯤 올림픽도로의 정체도 풀려 목적지에 거의 다다를 수 있었다.

나중에 이노디자인의 디자이너들과 함께 디자인을 진행하고, 랜더링 작업을 마쳐 이륙 준비를 모두 끝냈다. 아직 현실에서 구현되지는 않았지만, 세계 최고의 자동차 회사의 한 관계자가 "하늘을 날 준비가 되지 않았다면 우선 땅에서라도 다니는 모습을 보고 싶을 정도로 아름다운 디자인"이라는 인상적인 호평을 해주었다.

자동차는 나의 드림 프로젝트 중 하나인 드림카로, 언젠가는 하늘을 훨훨 날아갈 수 있을 것으로 확신하고 있다.

드림카 이외에도 이노디자인의 디자인 퍼스트 컬렉션Design First Collection에는 다양한 콘셉트의 디자인 작품들이 많이 있다. 이 작품들은 모두 디자인 특허 등록이 되어 있으며, 이 중에는 이미 개발되었거나 사용자 기업에 라이선싱된 작품들도 있다. 또한 관심 있는 기업들이 이노디자인의 라이선싱을 받아서 함께 출시할 작품들도 있다. 이노의 디자이너들이 미리 미래에 다녀와서 만든 디자인들이 지금은 존재하지 않지만 미래의 언젠가는 반드시 존재할 상품들이다.

뒤집으면
세상이
바뀐다

모래시계를 닮은 텀블러
'샤블리에'

'커피 드립부터 마시는 것까지 통 하나로 해결할 수 있는 방법은
없을까?'

2년 전 어느 주말, 집에서 여느 때처럼 핸드 드립 커피를 내려
마시다가 문득 이런 생각이 들었다. 드립 기구 겸용 텀블러 같은
장치가 있으면 가능할 것 같아 당장 종이를 꺼내 스케치를 시작했
다. 머릿속 상상은 곧 그림이 되었다.

하나의 통으로 두 가지의 기능을 사용하려면 뒤집는 것이 좋을
것 같았다. 뒤집을 생각을 하니 모래시계가 연상되었다. 그렇게
해서 탄생한 핸드 드립 기구 겸용 텀블러가 바로 '샤블리에Sablier' 269

프랑스어로 모래시계라는 뜻을 가진 '샤블리에'는 핸드 드립 기구 겸용 텀블러다. 커피를 내리고 거꾸로 뒤집으면 커피를 마실 수 있는 텀블러로 변신한다.

이다. 작은 불편을 참지 않는, 참을 수 없는 호기심이 만든 산물이었다.

샤블리에는 프랑스어로 '모래시계'라는 뜻이다. 제품의 모양만 봐도 모래시계처럼 뒤집어 사용하는 제품이라는 것을 한눈에 알 수 있다. 샤블리에의 위쪽 덮개를 열어 드립 기구에 분쇄한 커피를 넣은 후 뜨거운 물을 붓고서 3~5분 후 모래시계처럼 샤블리에를 뒤집으면 커피를 마실 수 있는 텀블러로 변신한다.

샤블리에는 경제적이기도 하다. 샤블리에의 가격은 6만 원이지만 샤블리에 전용 커피백은 500원으로 프랜차이즈 커피숍 커피 가격의 10분의 1 안팎이다. 무엇보다 친환경적이다. 전기 등 어떤 에너지도 사용하지 않는다. 텀블러인 만큼 당연히 휴대가 간편하다.

"플라스틱 컵에 커피를 마시면 플라스틱 처리 비용이 플러스되는 거예요. 전 지구적으로 버려지는 종이컵이 연간 600억 개라고 합니다. 이만한 양의 종이컵을 만들려면 나무 2,000만 그루가 잘려나가요."

샤블리에는 내가 집중하고 있는 빅디자인의 대표적인 모델이기도 하다. 디자이너의 아이디어를 통해서 탄생한 제품은 이노디자인이 자회사를 통해 직접 제조하고 판매까지 책임지고 있다. 미국의 킥스타터를 통해 아마존에 진입했으며, 국내에선 와디즈를 통해 크라우드 펀딩에 도전해 1시간 30분 만에 목표액 1,000만 원을 달성했다.

디자인으로
지구를 살린다

드립 커피 방식은 독일의 세계적인 브랜드 멜리타의 창업자인 멜리타 벤츠Melitta Bentz 여사가 1908년에 발명한 것으로 알려져 있다. 2018년에 발명하고 론칭한 샤블리에는 꼭 110년 만에 이루어진 드립 커피 문화의 혁신이다.

디자이너는 세상을 바꾸는 사람이다. 디자인을 통해 사람들의 경험과 습관, 생활이 바뀌면 세상이 바뀐다. 그동안 디자이너로서 축적한 역량을 커피 문화를 바꾸는 데 쏟아붓고 있다.

샤블리에의 브랜드 의미처럼 커피 문화를 뒤집고 싶다. 뒤집는다는 건 곧 바꾼다는 것이다. 모래시계 뒤집듯이 뒤집어서 바꾸고 싶은 것은 1회용 커피 문화다.

전 세계에서 연간 버려지는 종이컵을 쌓으면 서울 잠실의 롯데월드타워 높이는 될 것이다. 100년 된 나무를 자르는 시간은 1분도 안 걸리지만, 다시 심고 기르려면 100년이 걸린다.

지난 40년 동안 확산된 카페 문화는 비싼 커피를 사마시고 종이컵을 하나씩 쓰레기통에 버리고 나오는 습관을 만들어냈다. 5,000원짜리 커피를 1회용 플라스틱 컵에 마시면 플라스틱 처리 비용이 플러스알파로 든다. 전 지구적 골칫거리인 1회용품 쓰레기를 커피 소비로 인해 만드는 꼴이 된다. 젊은 세대가 주도해 낙후된 커피 문화를 친환경적으로 바꿔야 한다.

이를 위해 '종이컵 안녕Goodbye paper cups'이라는 캠페인을 벌이고 있으며, 샤블리에가 올린 수익의 일부를 식수 오염 지역을 살리려는 비영리 사단법인 오픈핸즈 등 환경 단체에 기부하고 있다.

디자인으로 지구를 구하고 살리려는 시도이다.

문화가 변해야
세상이 바뀐다

종이컵이나 종이 필터는 물론 전기도 사용하지 않고 완벽히 휴대용인, 모래시계처럼 뒤집어서 마시는 샤블리에를 통해 나는 커피 문화를 뒤집어보려고 한다.

샤블리에 브랜드의 미래 가치는 얼마나 될까? 참고로 스타벅스의 브랜드 가치는 16조 원이 넘는다고 한다. 30여 년 전 미국에서 유럽풍의 스트리트 카페 문화를 꿈꾸던 커피 장비 업체 영업사원 하워드 슐츠는 시애틀의 거래처인 원두 판매 회사 스타벅스의 브랜드에 꽂혀서 2년간 그 회사의 사장을 동업자로 설득했다. 그러다 실패하자, 브랜드를 확보하기 위해 그 회사를 4백만 달러에 인수해서 스타벅스를 탄생시켰다는 후문이다.

커피 문화는 다시 바뀌어야 한다. 밀레니얼 세대는 스스로 원하는 커피를 언제 어디서든 자유롭게 만들어 마실 수 있는 경제적이고 친환경적인 커피 문화를 선도해나갈 것이다. 샤블리에가 그 해답을 제시하고 있다. 모래시계를 뒤집으면 커피의 문화가 바뀐다. 문화가 바뀌어야 세계가 바뀐다.

디자인이란
누군가 필요로 하는 기능을
상품으로 만드는 일

원하는 제품이 없으면
직접 만든다

실리콘밸리의 우리 집 뒷마당에 있는 테이블에 앉아 커피와 음악을 즐기는 시간은 나에게 가장 여유로우면서도 행복한 힐링의 순간이다. 이 망중한忙中閑을 함께하는 가장 가까운 친구 둘을 꼽자면 음악과 커피다.

이노플라스크InnoFlask 블루투스 스피커에서 흘러나오는 음악을 들으며 샤블리에 텀블러로 커피를 즐기는 이 순간은 무엇과도 바꿀 수 없을 정도로 소중한 시간이다. 가만히 보니 소중한 이 시간을 함께하는 두 '친구' 모두 내가 디자인한 녀석들이다.

직업이 디자이너이다 보니 살면서 필요한 제품을 찾다가 없으면 내가 직접 디자인하는 습관이 생겼다. 아마도 그 습관은 25년 전 여행용 골프백을 만들면서 시작된 것 같다.

실리콘밸리에 이노디자인 사무실을 연 지 얼마 지나지 않았을 때의 일이다. 여행과 골프를 좋아하던 나는 휴가를 맞아 하와이로 골프 여행을 떠날 예정이었다. 비행기 화물칸에 실어도 안심할 수 있는 안전한 골프 가방을 사기 위해서 매장을 돌아다녔다. 골프 매장 점원을 만날 때마다 내가 원하는 골프 가방에 대해서 열심히 설명을 했지만 모두 고개를 저을 뿐이었다.

'이렇게 많은 골프 가방 중에 내가 원하는 가방 하나가 없다니?'

답답한 마음에 화도 나고 짜증도 났다. 하루 종일 아무리 돌아다녀도 내가 원하는 제품을 찾을 수 없어서 허탕을 치고 돌아오던 길에 나는 엉뚱한 결심을 하고 만다.

'그래, 원하는 제품이 없으면 내가 직접 만들어야겠다.'

목마른 사람이 우물을 판다더니 내가 바로 딱 그랬다.

007 가방을 닮은
골프백 '프로텍'

골프채를 안전하게 보호하기 위해서는, 우선 007 가방 같은 단단한 플라스틱 재질이 필요했다. 잦은 비행기 여행에도 잘 견디고, 골프장에 가지고 나가서 바로 플레이를 할 수 있어야 하며, 골프

클럽헤드를 보호하는 뚜껑 부분을 따로 뗄 수 있으면 좋겠다는 생각이 들었다.

내가 원하고 필요로 하는 이런저런 기능들을 넣어서 디자인에 반영했다. 그러면서도 놓칠 수 없는, 가장 중요한 것은 외관이 멋있어야 한다는 점이었다.

3년에 걸친 작업 끝에 외관을 딱딱한 플라스틱 케이스로 만든 007 가방 스타일의 골프백이 세계 최초로 탄생하게 되었다. 그리고 '프로텍Protech'이라는 브랜드도 붙였다.

디자인은 완성되었지만 문제는 제품을 만들어서 판매하는 것이었다. 의뢰를 받아서 만든 디자인이 아니라 내 필요에 의해서 스스로 만든 '디자인 퍼스트' 제품이었기 때문에, 생산부터 판매까지 모든 것을 내가 해결해야 하는 상황이었다. 처음에는 의기양양하게 펀딩도 받아 제품을 직접 생산하고 유통까지 하려고 했지만, 디자이너 입장에서 이 모든 일을 감당한다는 것은 쉬운 일이 아니었다. 시간이 흐르면 흐를수록 상황은 더욱 악화되었다.

결국 시제품을 만들어 골프 전시회에 출품해 새로운 기회를 찾아보기로 했다. 결과적으로 전시회 참가는 최고의 선택이 되었다. 전시회에서 운명 같은 비즈니스 동반자를 만나게 되었고, 그를 통해 새로운 기회를 잡을 수 있었기 때문이다.

골프쇼에 처음 참가한 나의 초라한 모습을 동정 어린 표정으로 물끄러미 쳐다보던 한 노신사가 내게 조심스럽게 말을 건넸다.

"그 상품 아주 특이하군요. 보아하니 디자이너 같은데, 생산은

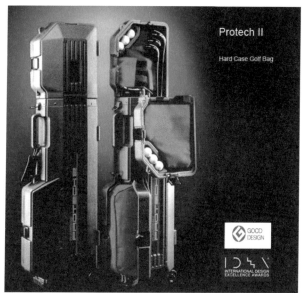

007 가방처럼 생긴 골프백 '프로텍'. 미국과 일본의 주요 디자인상을 안겨 주었을 뿐 아니라 창업 초기 경제적으로도 큰 도움을 준 '효자 상품'이다.

우리에게 맡겨보는 게 어때요?"

그러지 않아도 점점 어려운 상황으로 빠져들어가던 내게는 한 줄기 빛과 같은 제안이었다. 나는 가슴이 쿵쾅쿵쾅 뛰었다. 그 제 안보다 더 감동스러웠던 것은 그의 진심 어린 조언이었다.

"디자인은 기가 막히게 좋습니다. 만약 당신이 생산과 판매에 뛰어든다면 또 다른 좋은 디자인을 해낼 시간을 모두 빼앗길지도 모릅니다."

나는 더 생각해볼 것도 없이 다음 날 당장 이 회사와 라이선스 계약을 맺었다. 알고 보니 그는 미국 굴지의 플라스틱 업체 회장이었다. 자가용 비행기로 나를 자신의 회사로 데리고 가서 공장 구경을 시켜주었고, 그 후로도 여러 면에서 많은 도움을 주었다.

그분 덕분에 그 이후 몇 년 동안 이 제품의 엔지니어링, 금형 설계, 사출 과정 등 생산 분야 전반에 걸쳐 경험을 쌓을 수 있었고, 마케팅과 영업 프로세스도 배울 수 있었다.

한 사람과의 만남이
인생을 성장시키다

그때의 체험은 월급쟁이 디자이너로서는 물론, 많은 돈을 주고 디자인 스쿨에 가도 결코 배울 수 없는 귀한 것이었다. 그 후 수년 동안 이 회사로부터 받은 로열티는 당시 이노디자인 사옥을 구입할 수 있을 만큼 큰돈이었다.

게다가 프로텍은 1991년 디자인 분야의 권위 있는 상인 IDEA 동상을 수상했고, 『비즈니스 위크Businessweek』지로부터 1990년도 최우수 제품으로 선정되는 영광을 안았다.

프로텍은 나에게 큰돈을 벌게 해주고 미국과 일본의 디자인 어워드를 안겨줬지만, 더 중요한 것은 디자이너인 나에게 꼭 필요한 체험을 시켜주었다는 것이다. 또한 '한 사람과의 만남이 이렇게 큰 영향을 미친다'는 사실을 깨닫게 해주었다.

당시의 경험은 지금 내 디자인 정신의 기초가 되었다. 프로텍을 통해 디자인은 누군가 필요로 하는 기능을 상품으로 만들어내는 일이라는 깨달음을 얻게 된 것이다.

만약 잘 모르거나 별로 좋아하지 않는 제품이었다면, 그렇게까지 섬세하게 제품의 구석구석까지 살피며 내가 필요로 하는 기능을 갖춘 제품을 만들지 못했을지도 모른다.

디자인은 단순히 껍데기를 예쁘게 꾸미는 것이 아니라 누군가가 필요로 하는 기능을 만들어내는 일이라는 말을 이해할 수 있다면, 많은 기업들이 성공할 수 있는 혁신적 상품을 만들어낼 수 있을 것이다. 프로텍은 스몰디자인이었다면 탄생하지 못했을 빅디자인의 산물이기도 하다.

디자이너와
예술가
사이

1킬로미터의 화폭에
태극기를 그리다

2013년, 정부로부터 지하철 4호선 이촌역에서 용산의 국립중앙
박물관을 연결하는 지하 통로 나들길을 '무빙 뮤지엄' 콘셉트로
작업해달라는 의뢰를 받았다.

처음에는 고사했다. 일찍이 공간에 대해 남다른 의미를 부여하
고 관심을 가져온 것은 사실이지만 나는 건축을 하는 사람도, 설
치 미술을 하는 사람도 아니었기 때문이다. 게다가 이 지하 통로
의 길이는 무려 250미터나 되었다. 건축이나 설치미술을 하는 사
람에게도 쉽지 않은 큰 작업이었다.

하지만 박물관 측의 뜻은 확고했다. 한국의 문화를 상징하는

국립박물관인 만큼 한국 디자인의 대표성을 디자이너 김영세를 통해 찾아보자는 데 관계자들의 뜻이 모아졌다는 것이었다. 게다가 내가 문화관광체육부에서 위촉한 문화명예교사를 맡아 재능 기부를 하고 있으니 그와도 맥락이 닿는 일이라며 다시 한번 생각해볼 것을 권유했다.

어느 날 밤, 오랜 고민을 끝낼 발상의 전환이 머릿속에서 번뜩였다.

'250미터 지하 공간의 네 벽을 모두 더하면 1킬로미터가 된다. 1킬로미터짜리 화폭에 내 나름의 그림을 그린다고 생각해보자.'

그 순간 가슴이 뛰었다. 세상의 어느 화가가 1킬로미터짜리 화폭에 붓질을 해봤겠는가? 감정이 뜨겁게 달아오르며 머릿속에 그림이 그려지기 시작했다.

1킬로미터의 나들길을 걷는 데 15분 정도가 소요된다. 이 시간 동안 사람들은 무슨 생각을 할까. 나는 이 길을 걷는 사람들이 우리나라 사람이든, 외국 사람이든 한국을 떠올렸으면 좋겠다고 생각했다.

10년 넘게 머릿속에 그려오던 태극기가 모티브가 되어 아이디어가 떠오르기 시작했다. 나는 바로 스케치를 시작했다. 그렇게 만든 스케치를 수십 번 들여다보며 스스로 검증 단계를 거치는 동안 어느새 자신감이 차올랐다. 다음 날 아침, 나는 한번 해보겠다는 뜻을 밝히며 태극기를 모티브로 한 아이디어를 제안했다. 박물관 측에서는 두 손 들어 반겼다.

이촌역에서 국립중앙박물관으로 연결되는 지하 통로에 디자인한 나들길.
연간 350만 명이 찾는 랜드마크가 되었다.

현재 나들길은 1년에 350만 명이 찾는 랜드마크가 되었고, 대한민국을 홍보하는 소중한 공간이 되었으며, 2013년 미국 IDEA 공간 디자인상까지 받았다.

'하나 된 열정'에
열정으로 기름 붓다

평창 동계올림픽이 열리기 2년 전 어느 날, 평창올림픽조직위원회로부터 연락을 받았다. 올림픽에 사용할 성화봉 디자인을 의뢰하고 싶다는 내용이었다.

그동안 많은 기업 및 공공기관들과 함께 디자인 작업을 해왔지만 이렇게 큰 국가적인 행사를 위해 디자인할 수 있다는 것은 디자이너로서 대단한 영광이었다. 한국의 디자이너로서 우리나라를 위한 디자인을 할 수 있어서 무엇보다 감사한 마음이 앞섰다.

30년 전 미국에서 서울올림픽을 TV로 시청하던 때의 생각도 났다. 서울올림픽이 열렸던 1988년은 실리콘밸리에서 이노디자인을 창업한 지 얼마 되지 않은 때였다.

1975년 유학을 왔으니 한국을 떠난 지 13년 정도 지난 시점이었다. 한국이 그 정도로 성장했다는 것을 모르고 있다가 고국에서 열리는 첫 올림픽을 태평양 건너 타국에서 TV로 지켜보면서 감동받았던 기억이 생생하다.

고국에서 열리는 올림픽을 먼 타국 땅에서 지켜보던 젊은 디자이너가 30년이 지난 뒤 다시 고국에서 열린 올림픽에서 역사적인 작품을 남길 수 있도록 프로젝트를 맡겨준 대한민국에 정말 감사했다.

디자인 의뢰를 받고 오래 고민한 끝에 평창올림픽의 슬로건인 '하나 된 열정Passion Connected'과 전 세계 5대륙을 상징하는 콘셉트로 시안 제작에 들어갔다.

다섯 갈래의 줄기가 뻗어가며 위에서 하나로 만나서 오각형의 톱 형태를 형성하는 모양으로 다섯 개의 대륙을 표현하고, 그들이 함께 연결되고 만나는 것을 상징한 작품이었다. 전체적으로는 조

평창 동계올림픽의 성화봉과 성화대를 디자인할 수 있었던 것은 개인적으로도 큰 영광이었다.

선 백자에서 영감을 받아 제작되었다. 이 작품은 국제올림픽위원회IOC의 호평 속에 공식 성화봉으로 채택되었다. 그러자 평창올림픽조직위원회에서 성화대 디자인까지 의뢰해왔다.

성화대는 30미터 높이의 건축물로, 작품 규모만 놓고 보면 70센티미터짜리 성화봉과 비교가 되지 않는 스케일이다. 규모는 다르지만 성화대도 성화봉처럼 다섯 줄기의 만남을 그대로 채용하고, 상단에 달항아리를 얹은 형상으로 조형물을 디자인했다. 우리나라의 우아한 아름다움을 상징하는 달항아리에 '5'라는 세계적인 콘셉트를 잡은 것이다.

올림픽의 상징으로 남은
성화대

역대 올림픽에서 보듯이 올림픽 개막식의 하이라이트는 그리스로부터 가져온 성화를 최종 성화 주자가 들고 들어와서 성화대에 점화하는 이벤트이다. 이 장면은 올림픽을 보는 모든 세계인들의 이목을 집중시킨다.

한국을 대표하는 디자이너로서 이번 올림픽의 성화봉과 성화대를 디자인하는 영광을 얻게 된 나로서는 당연히 가슴이 설레고 떨리는 장면이었다. 그 순간에는 디자인을 위해 무거운 짐을 지고 지내온 지난 2년간의 고생보다 이런 중대한 역할을 맡겨준 대한민국에 감사하는 마음이 앞섰다.

게다가 성화봉 디자이너 자격으로 성화 봉송 주자로 뛰어달라는 제안까지 받았다. 조금 망설이기도 했지만 한평생 디자이너로 살면서 나라를 위한 작품을 만들 수 있었던 영광을 직접 성화봉 주자가 되어 실감하고 싶었기 때문에 참여하기로 했다. 성화 봉송 주자의 임무를 무사히 소화하기 위해 한 달 전부터 평소에는 안 하던 체력 관리까지 하며 하루하루 설레는 마음으로 기다렸다.

인천공항을 통해서 국내에 성화가 도착한 후 성황 봉송 릴레이가 시작되었는데, 나는 네 번째 성화 주자로 선정되어 인천대교 위를 달렸다. 주자로 뛰던 그날, 나는 하늘을 바라보며 감사드렸다.

'이 나라에서 태어나 국가를 위한 가장 소중한 프로젝트라고 285

할 수 있는 성화봉 디자인을 하게 된 디자이너로서의 인생을 만들어주신 하늘에 감사드립니다.'

나는 평창올림픽이 우리나라의 모든 국민들에게 새로운 자존심과 힘을 만들어줄 계기가 되기를 기도했고, 세계의 스포츠인들과 그들을 사랑하는 모든 세계인들이 열정을 함께하는 멋진 올림픽이 되어 주최국인 대한민국이 세계인들로부터 더욱 사랑받을 수 있는 계기가 되기를 기원했다.

성화 봉송을 모두 마치고 올림픽 개막식에서 마지막 성화 주자로부터 성화봉을 인계받은 김연아 선수가 빙판을 미끄러지듯이 움직이며 달항아리 성화대를 밝히는 모습을 보면서 나는 울컥했다. 김연아 선수의 흰색 유니폼과 아름다운 퍼포먼스, 그리고 성화대의 달항아리 백자가 너무나 잘 어우러졌기 때문이다.

평창올림픽이 모두 끝난 후 나에게는 또 하나의 꿈이 생겼다. 열과 성을 다해서 만들어낸 성화대가 우리나라의 랜드마크로 영원히 보전되었으면 하는 것이다. 미래의 국민들이나 외국인 관광객들이 찾아와서 2018년에 열렸던 평창올림픽을 기억할 수 있는 명소로 남기를 기대하면서, 최문순 강원 지사에게 직접 편지를 써서 성화대 건축물을 허물지 말고 보전할 수 있으면 좋겠다는 희망을 전했다. 그 후 다행스럽게도 올림픽 메모리얼파크의 일부로 내가 디자인한 성화대가 남게 되었다는 소식을 들었다.

빅디자인이 꿈꾸는
세상

공공의 일은 돈보다는 영예로운 일이다. 개인적인 영광이기도 하지만 디자이너, 더 나아가서 크리에이터들이 존경받고 존중받는 사회가 되었으면 하는 마음이 간절하다.

그 나라가 디자인 선진국인지를 보려면 디자이너가 그 사회에서 어떤 대접을 받는지 보면 된다. 핀란드의 유명한 건축가이자 산업디자이너인 알바알토Alvar Aalto라는 사람은 핀란드 화폐에도 등장한다. 또 그의 이름을 따서 국립대학교 이름을 알토 디자인 유니버시티로 바꾸기도 했다. 우리나라에는 화폐에 등장하는 디자이너가 있는가? 디자이너의 이름을 딴 대학교가 있는가? 아직까지 우리나라에서는 상상하기 힘든 일이다. 크리에이터들이 조금 더 존중받고 인정받는 사회가 되는 것이 곧 디자인 선진국, 경제 선진국으로 가는 길이다.

빅디자인은 단순히 하나의 제품을 디자인하는 것에서 그치지 않고 '나눔'이라는 철학을 통해 우리 사회가 공유하고 함께 누릴 수 있는 것을 아름답게 만드는 일까지 포함하고 있다. 그것이 곧 빅디자인이 꿈꾸는 세상이다.

디자이너 김영세가
제안하는
혁신적 사고방식

How to innovate tips

01

새로운 기술을 활용하여
새로운 용도를 창조하라.

02

소소한 일상에서
보물을 발견하라.

03

자신의 일에 대한
열정과 사랑을 가져라.

04

우선 자기 자신부터
만족시켜라.

05

자신만의 편안하고
행복한 공간을 창조하라.

**삶을 모험처럼
즐겨라.**

**해결책은 바로
자신에게 있다.**

08

자신의 의도를
끝까지 따라가라.

09

유행을 쫓기보다
아이덴티티를 찾아라.

SOLUTIONS 10

불편한 것을
참지 말고 해결하라.

11

가장 가까운 사람을
즐겁게 하라.

'진심'
그게
디자인이야!

고객의 마음을 차지하는 진심이 담긴 디자인보다 더 훌륭한 디자인은 없다. 디자인은 고객의 마음을 차지해서 그들을 팬으로 만들 수 있는, 기업이 가질 수 있는 최강의 경쟁력이다. 기업이 가질 수 있는 최강의 경쟁력은 고객을 그들의 팬으로 만들 수 있는 힘이기 때문이다.

디지털 기술이 세상을 바꾸어가는 디지털 트랜스포메이션 시대에 고객의 마음을 차지하는 방법도 크게 변했다. 산업 시대를 풍미했던 마케팅의 힘은 더 이상 마술을 발휘하지 못한다. 기업이 고객들에게 자신이 판매하는 상품이나 서비스를 '광고'의 힘으로 알려서 고객의 마음을 차지해 그들을 기업의 팬으로 만들기에는 부족함이 있다.

디지털 세상에서는 기업의 경쟁력도 오직 '진심'이어야 고객들이 다가가게 된다. 있는 그대로의 상품과 서비스의 진실성이 고객이 마음을 여는 이유가 된 것이다.

아이러니컬하게도 기술이 바꾸어가는 디지털 세상을 움직이는 핵심은 산업 시대의 그것보다 더 강력해진 사람의 마음이다. 겉으로는 기술이 세상을 바꾸고 있는 것처럼 보이지만, "기술은 사람을 바꾸고 사람이 세상을 바꾼다"는 말이 더 정확한 표현일 듯하다. 디자인에 대한 이해가 절실해지는 이유다.

빅디자인은 디지털이 바꾸어가는 세상에서 사람들이 무엇을 원하는지를 찾아내는 일이다.

세계적으로 성공한 디자인도 많았지만 그보다 실패작이 더 많은 디자이너로서 내 인생은 파란만장했던 것 같다. 이제는 또 다른 꿈을 갖고 이 책을 통해서 나의 미래 프로젝트를 공개하려 한다.

나는 이제 디자인을 '빅디자인'이라고 말한다. 어제까지의 디자인은 스몰디자인이었다는 깨달음에서이다.

빅디자인은 '무엇을 디자인할 것인가'의 고민에서 시작되고, 스몰디자인은 '어떻게 디자인할 것인가'의 고민에서 시작된다. 나는 빅디자인이라는 단어를 만들어낸 창시자이다.

빅데이터라는 단어는 누가 만들어냈는지 알려지지 않았지만, 나는 빅디자인이라는 개념을 정의한 첫 번째 디자이너로 남을 것이다.

특히 지난 20년 동안 실리콘밸리의 기적을 현장에서 체험하면서 나는 세계 최대 기업들인 GAFA를 모두 빅디자인의 성공 사례라고 정의한다.

이 기업들은 사람들이 원하는 것을 가장 먼저 찾아내서 빅디자인 프로세스로 새로운 사업 모델을 창조한 회사들이다.

빅디자인은 사람들의 니즈와 원츠를 예측하는 일로 시작된다. 물론 과거의 디자인 개념도 이러한 원칙에서는 다를 바 없었다. 달라진 점은 디지털 기술의 발전으로 급변하는 디지털 트랜스포메이션의 생활 방식이다. 짧은 기간 동안에 커다란 변화가 이루어지고 있기에 과거의 경험과 방식으로는 예측하기 어려워진 것이 사람들의 니즈와 원츠이며, 사용자들은 자신들이 무엇을 원하고 필요로 하는지 알지 못한다. 그들이 원하는 제품이나 서비스가 탄생할 시대에는 어떤 기술의 변화가 있을지 예상하는 일이 쉽지 않기 때문이다.

기업들은 미래 예측이라는 과제에 집중하며, 미래 예측 전문가들인 디자이너의 상상력에 더 많이 의지하게 될 것이다.

과거 디자인의 역할이 기업들이 제공하는 제품이나 서비스의 마무리 단계를 꾸미는 일이었다면, 지금 필요한 디자인의 역할은 미래 예측이며 기업이 제공하는 제품이나 서비스 사용자들의 니즈와 원츠를 예상하는 일이다.

디자이너를 비롯해 기업에 관여하는 모든 크리에이터들의 역할은 기업의 상품 기획 단계에서부터 시작되며, 상품이나 서비스를 기획할 수 있는 능력 있는 디자이너와 크리에이터들은 새로운 스타트업을 설립해서 빅디자인 전략으로 그들의 꿈을 이룰 수 있는 시대가 되었다.

실리콘밸리에서 창업했던 1986년부터의 내 디자인 컨설팅 경험을 이제 스타트업들과 사업 계획을 함께하는 데 활용하고자 한다.

불과 20년 전인 1999년에 실리콘밸리에서는 어떤 일이 일어난 것일까?

구글의 공동 창업자, 래리 페이지와 세르게이 브린은 갑자기 늘어난 직원들을 수용할 수 없어서 실리콘밸리 멘로파크의 차고에서 팔로알토의 사무실로 이전했다고 한다. 당시 구글의 직원은 총 8명이었다. 불과 20년 전 8명의 직원으로 시작한 구글이 이제 세계 최대 기업 중 하나가 되었다.

1999년은 스티브 잡스가 돌아온 2년 후 애플이 새로운 모습을 보이기 시작한 해다. 5개 투명 컬러의 맥킨토시 컴퓨터와 아이북을 론칭한 데 이어 아이튠즈, 아이팟, 아이폰, 아이패드로 애플의 전성기를 만들기 시작한 것도 불과 20년 전이라는 사실을 이해할 수 있는가?

온라인 북스토어로 아마존을 창업한 제프 베조스는 1999년부터 온라인 마켓 플레이에서 실체를 만들어나가기 시작했고, 불과 20년 만에 세계 온라인 시장을 장악하고 세계 최고의 억만장자가 되었다.

기적을 만들어낸 또 하나의 실리콘밸리 회사인 저커버그의 페이스북은 창업 연도가 2004년인지라 너무 어려서 1999년 스토리에 끼지도 못한다.

여러분은 불과 20년 전 시작된 세계 재계의 재편성의 기적을 어떤 눈으로 바라보는가? GAFA라는 은어로 소개되는 위의 네 기업들, 즉 구글, 애플, 페이스북, 아마존의 탄생이 모두 빅디자인 개념의 성공 스토리라고 말한다면 지나친 비약이라고 생각할 것인가? 여기에 아무도 답할 수 없을 것이다. 빅디자인이라는 단어는 내가 만든 것이기 때문이다.

2019년 가을
김영세

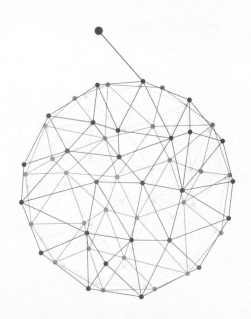

빅디자인

초판 1쇄 인쇄 2019년 10월 7일
초판 1쇄 발행 2019년 10월 11일

지 은 이 김영세
발 행 인 김종립
발 행 처 KMAC
편 집 장 김종운
책임편집 최주한
홍보·마케팅 김선정, 박예진, 이동언
디 자 인 이든디자인
표지사진 KIM. S. GON
출판등록 1991년 10월 15일 제1991-000016호
주   소 서울 영등포구 여의공원로 101, 8층
문의전화 02-3786-0752 **팩스** 02-3786-0107
홈페이지 http://kmacbook.kmac.co.kr

ⓒ김영세, 2019
ISBN 978-89-90701-10-7 03320

값 16,500원
잘못된 책은 바꾸어 드립니다.

이 도서의 국립중앙도서관 출판예정도서목록(CIP)은 서지정보유통지원시스템 홈페이지(http://seoji.nl.go.kr)와
국가자료공동목록시스템(http://www.nl.go.kr/kolisnet)에서 이용하실 수 있습니다.(CIP제어번호:CIP2019038510)